Notas
de amor

Crea una conexión diaria con los que amas

Notas
de amor*

*Disfruta tu almuerzo
porque la vida sigue.
Con amor, papá

GARTH CALLAGHAN

HarperCollins *Español*

Editora en jefe: *Graciela Lelli*
Traducción: *Eugenio Orellana*
Edición: *Nahum Diaz*
Adaptación del diseño al español: *Mauricio Diaz*

ISBN: 978-0-71808-821-7

Impreso en Estados Unidos de América
16 17 18 19 20 DCI 6 5 4 3 2 1

A Emma

826 servilletas que nunca serán suficientes

CONTENIDO

INTRODUCCIÓN

Cuando mi hija era bebé, solía ponerla a dormir meciéndola en la cuna que con todo nuestro amor habíamos instalado en su cuarto. Mi esposa, Lissa, pasaba muchas horas alimentándola, de modo que yo pensaba que lo menos que podía hacer era mecerla para que se durmiera. Para ser sincero, aquellos minutos para mí eran preciosos. Los pequeños sonidos que hacía cuando estaba entregándose al sueño, la forma en que me maravillaba observando sus deditos tan bien formados, esas pestañas milagrosas cubriendo sus ojos, el coqueto pliegue de sus labios. Ese era mi tiempo. Mecerla, pensar, disfrutar.

Lucy, la perra de la familia, acostumbraba a acurrucarse en la alfombra junto a nosotros. Quería mucho a Emma y buscaba estar en la habitación donde su «hermana» se encontrara.

Una vez, cuando Emma se acercaba a su primer cumpleaños y todavía me permitía que la meciera, miré a Lucy. No sé lo que me hizo pensar en eso, pero de alguna manera me di cuenta de que un día tendría que explicarle a Emma que Lucy había muerto. En ese momento, Lucy tenía tres años de edad y dada la longevidad de los perros, pensé que en su octavo cumpleaños tendría que romperle el corazón a Emma con la noticia. De alguna manera habría de encontrar las palabras para explicarle por qué Lucy ya no estaba con nosotros.

El pensamiento me hizo llorar. En ese momento no tenía ni idea de cómo manejaría la situación cuando se presentara. Aunque me sentía el hombre más feliz por compartir con ella las alegrías de la vida, el solo pensamiento de abrirle los ojos a lo trágico... No, gracias.

Nunca pensé que llegaría el día cuando tendría que sentarme con ella cuatro veces para decirle que su papá tenía cáncer. ¿Mentirle por cuatro veces tratando de prometerle que sobreviviría? No. Ahora sé que este cáncer me va a matar. Que es solo cuestión de tiempo. Por supuesto, quiero vivir mucho más, pero hace poco los médicos me han dicho que tengo un ocho por ciento de probabilidad de sobrevivir cinco años.

Emma tiene ahora catorce años. Tengo un ocho por ciento de probabilidad de verla graduarse de la secundaria.

Me resulta casi imposible escribir estas palabras. Hay momentos en que no puedo enfrentar la realidad del final de mi vida. No temo a la muerte. Si no tuviera a Emma, podría decir tranquilamente: «Bueno, ha sido una buena aventura». Pero no puedo soportar la idea de dejar a mi niña, de no estar para verla crecer, para darle orientación y consejo, risas y chistes. Para ser su papá.

Por lo tanto, he tenido que encontrar otra manera. No sé cuánto tiempo me queda. Pero he descubierto la forma de comunicarle todos los días lo cariñosa que es, lo mucho que la apoyo y cuánto me preocupo por cómo se está desarrollando. Le escribo en servilletas sus «*Notas de amor*», las que deposito cada mañana en su lonchera.

Comparto este libro porque ninguno de nosotros sabe cuánto tiempo nos queda. Sí, nos paseamos por este planeta con la idea de que somos invencibles, pero todos sabemos que la vida se nos puede ir en cualquier momento. Tengo el «don» de darme cuenta de que, para mí, el fin está llegando. Puedo tomarme el tiempo para examinar mi vida y decirles a las personas que quiero lo mucho que las aprecio. Es lo único que importa. La casa, la cuenta bancaria, las habilidades, la profesión, nada de eso es importante. Lo que vale son las relaciones duraderas que construimos. Eso es todo.

Este libro es un llamado. Un llamado a despertar. A conectarse. A compartir sus sentimientos. A hacer esa llamada telefónica. A escribir esa nota. Porque soy muy consciente de la fragilidad de la vida y de lo importante que es dedicar tiempo para conectarse con aquellos a quienes amamos cuando todavía estamos presentes, cuando todavía podemos hacerlo.

Querida Emma: no puedes robarte la segunda base si todavía tienes el pie en la primera. Te amo. Papá.

CAPÍTULO I

Todo comenzó con una servilleta

Doblé lentamente la servilleta y la coloqué en la lonchera de Emma. Mis notas se han inclinado últimamente hacia temas relacionados con el béisbol. Emma se ha convertido en una ávida jugadora de sóftbol y me encanta usar estas analogías. Me considero un ladrón de bases, siempre en busca de una nueva oportunidad, listo para ver qué nuevas direcciones podría tomar la vida. Pero hubo una ocasión cuando arrastré los pies. No estaba listo para correr a la segunda base, a pesar de que eso era lo que mi equipo necesitaba.

Mi esposa, Lissa, es cinco años mayor que yo. Siempre me he considerado afortunado de que se hubiese fijado en mí, un mozalbete, para que fuera su compañero de vida. (Curiosamente, mi mamá es cinco años mayor que mi papá). Uno de los retos de estar casado con alguien que es mayor es que uno tiene que madurar con más rapidez. Por ejemplo, fui el primero entre mis amigos en tener mi propia casa. Me casé bastante antes que cualquiera de ellos. El ser un espécimen todavía en proceso de crecimiento era una lesión que no dejaba de punzarme.

A principios de 1999 Lissa se me acercó y me dijo, sin ambages: «¡Ya es hora!». Estoy seguro de que hubo más reflexión y análisis para llegar a esta declaración, pero esas tres palabras lo resumían todo. Era hora de que tuviéramos hijos. Yo solo tenía veintinueve años, pero ella tenía treinta y cuatro. Y no se podía esperar más. Habíamos estado casados solo un par de años y yo no estaba seguro de que estuviera preparado para el siguiente paso. Había orado mucho por una hija, pero pensando en más adelante, cuando estuviera listo.

Yo sabía que Lissa estaba hablando en serio. Para ser sincero, tengo que reconocer que entrar en esta aventura me depararía no pocas satisfacciones. Por otra parte, me daba la impresión que, que hoy en día, todo el mundo necesita algún tipo de asesoramiento sobre la fertilidad, por lo que probablemente no habría un embarazo inmediato. Tendría tiempo para prepararme.

Aunque así ocurrió, no pasó mucho tiempo antes que Lissa quedara embarazada. El comienzo de la aventura había terminado más rápido de lo que yo esperaba. Estaba enfrentando mi condición de padre.

Los siguientes ocho meses y medio fueron una ráfaga de actividades y de preparación. Asistimos a todo tipo de cursos. Buscamos un pediatra. Pasamos innumerables horas en las tiendas mirando todo lo que tuviera que ver con bebés. Acondicionamos la casa y le preparamos su cuarto. (Un consejo para los futuros papás novatos: Si van a construir una cuna, háganlo dentro del cuarto del bebé. A mí me fue tan bien ¡que tuve que hacerla dos veces!).

Y, por supuesto, hemos leído todos los libros de nombres de
bebés publicados en Estados Unidos. A mi me encantaban los
nombres Isabel y Mateo). Aunque, para ser sincero, sentía
inclinación por el de Matías, la versión alemana de Mateo pero
sabía que sería una batalla perdida. Así que ni siquiera lo
intenté. Lissa no tardó un segundo en rechazar el nombre de
Isabel porque le recordaba a una compañera con la que no se
había llevado muy bien. Le gustaban Benjamín o Cloe. Por
desgracia, teníamos un gato, Ben, de modo que ponerle a
nuestro hijo Ben resultaría extraño. Me opuse al nombre de
Cloe porque me imaginé las burlas que se escucharían en el
parque infantil con eso de «Cloe la ventosa» («*Chloe blowy*»).

Después del ultrasonido de las veinte semanas, supimos
que mi oración había sido contestada. Íbamos a tener una niña.
Mi corazón se hinchó al visualizar la imagen de la bebé creciendo dentro de Lissa. Una pequeña criaturita. Por fin, la
realidad de convertirme en padre estaba empezando a pare-
cerme atractiva.

Logramos ponernos de acuerdo en cuanto al nombre.
Siempre me ha gustado el nombre Claire (Clara), ya que comu-
nica una expectativa de claridad. Lissa estuvo de acuerdo, Claire
Delaney Callaghan iba a ser el nombre de nuestra pequeña.

No fue un embarazo fácil. Durante gran parte de los
primeros seis meses, Lissa se sentía mal, sobre todo por las
mañanas. A menudo se lamentaba de lo que habíamos preparado para la cena, no podía retener lo que comía. Su presión
arterial aumentaba de forma continua, lo que era una preocupación por ella y por el bebé. Yo no sabía qué hacer. Me sentía
perdido. No se me ocurría en qué modo ayudar como muchos

maridos lo hacen. Mi trabajo hasta entonces había sido preparar la casa para un nuevo arribo, llevar a Lissa a las citas médicas y mantenerme al margen de todo lo demás.

Ese martes de octubre se desarrolló normalmente. Me fui a trabajar como de costumbre, mientras Lissa se dirigía a la consulta de su médico para examinar su presión arterial. Alrededor del mediodía recibí una llamada desesperada de ella. El médico estaba preocupado. La presión de Lissa se había elevado a un estado peligroso. Se decidió que teníamos que tener el bebé. Hoy. Ordené lo que pude en la oficina y me dirigí al hospital. Lissa se puso de pie con torpeza cuando me vio aparecer en la sala de espera. Sus ojos brillaban con vehemencia. Sonreímos. Había llegado el día en que conoceríamos a Claire.

Una vez que Lissa fue hospitalizada, comenzó el tan ansiado juego de la espera. Se le administró oxitocina, y tuvimos que esperar que hiciera efecto. Mientras ella estaba acalorada, yo temblaba de frío; así que me acurruqué, vestido, en el pequeño sofá que había en el cuarto, y me cubrí con una manta, sin ningún resultado. Fue una larga noche. La oxitocina estaba trabajando lentamente.

Vimos las noticias de la mañana y algunos programas de concursos. Yo estaba ansioso y me sentía inútil. Pude conseguirle algunos cubitos de hielo a Lissa pero, aparte de eso, no tenía nada que hacer. Los médicos y las enfermeras iban y venían, mirando preocupados los reportes que les entregaban los monitores tratando de ver si había algún progreso. Después de estar en el hospital veinticuatro horas, había llegado el momento de pujar.

Yo no estaba preparado para aquello.

Aunque es probable que Lissa recuerde esas pujas como interminables, todo lo que supe fue que, de repente, al doctor se le ocurrió poner en mis manos un instrumento al tiempo que me ayudaba a presionar el cordón umbilical para que yo pudiera cortarlo. Pero yo no tenía la más mínima intención de hacerlo. Se lo había dicho taxativamente al doctor. Sin embargo, allí estaba yo, en una habitación llena de personal médico y sin ninguna posibilidad de salir huyendo. Apreté los dientes e hice lo que tenía que hacer; en seguida me aparté para que el doctor y las enfermeras llevaran a cabo el test de Apgar. Claire, nuestra bebé, había llegado.

Y yo no estaba preparado.

Me quedé allí, paralizado, sin saber qué hacer y sin deseos de hacer nada. Las cosas se estaban desarrollando demasiado rápido.

No estaba preparado.

Lissa me sacó rápidamente de mi ensimismamiento. «¡Anda con ella!», me dijo en un tono de súplica mientras permanecía inmovilizada en su cama.

Me dirigí hasta donde las enfermeras la estaban atendiendo y la acaricié con ternura. Seguía sin saber qué hacer pero, por lo menos estaba allí, presente. De pronto me di cuenta de que había sucedido. Que lo que tanto habíamos esperado había ocurrido. Ya era padre...

Pero aun así, seguía luchando con esa realidad. Después de que Claire hubo nacido, me fui a casa para dormir un poco. No me gusta admitirlo, pero a la mañana siguiente no hice ningún esfuerzo por llegar pronto al hospital. Me preparé un buen desayuno. Lavé los platos. Saqué a pasear al perro. La verdad es que no quería volver al hospital.

Finalmente recibí una llamada telefónica. Era Lissa. «¡Mi amor! ¿Dónde estás?». Corrí al hospital.

Nuestra experiencia en el hospital no fue nada de fácil. Claire tenía un alto nivel de bilirrubina y tuvo que pasar varias horas de su primer día de vida en una pequeña caja de plástico para fototerapia. Nuestra pequeña bebé no tenía sino horas de vida y allí estaba echada con unos anteojos atados a su cabecita para evitar que la radiación dañara sus ojitos. No pudimos tenerla en brazos y ni siquiera tocarla durante el tratamiento. Solo podíamos mirarla a través de una ventana. Era una verdadera tortura. Sin embargo, de alguna manera me las arreglé para reclamarla. Era mi hija. Allí estaba ella. Solita. Me necesitaba y empezaba a sentir que era... mía.

Lo que en verdad me ayudó a hacer la transición fue cuando al fin admitimos que cuanto más nos conocíamos y cuanto más tiempo pasábamos con Claire, más nos dábamos cuenta de que no estábamos conformes con el nombre que le pusimos. Habíamos cometido un error.

Nuestra bebé tenía el nombre equivocado ¡y era culpa nuestra! Así que le preguntamos con cierta timidez a una de las enfermeras qué se podía hacer. Yo me imaginaba resmas de papeleo e incluso ir a un tribunal para corregir el error. La enfermera nos sonrió amablemente y nos dijo que eso ocurría con más frecuencia de la que nos podíamos imaginar y que solo había que llenar un formulario antes de abandonar el hospital.

Salimos esa tarde como una familia, con Emma Claire Callaghan.

No sé mucho de nombres, pero una vez que se lo cambiamos; una vez que se convirtió en Emma, la sentí como mi hija. Era algo real.

Después que la instalamos cuidadosamente en su asiento del coche y Lissa se acomodó junto a ella, me puse tras el volante. Por fin tenía algo importante que hacer en todo eso. Llevar a mi familia a casa. Miré por el espejo retrovisor. No pude ver a Emma en su silla pero sabía que estaba allí. Mi pequeña.

Ahora estaba preparado.

Querida Emma: Cuando necesito un milagro, te miro a los ojos y me doy cuenta de que ya he creado uno. Te amo. Papá

Si bien en un primer momento mi papel como padre consistía en cambiar un montón de pañales, mecerla, calmarla, preocuparme de su alimento y ponerla a dormir, cuando se fue convirtiendo en una niñita mi función cambió. Pronto me di cuenta de que ser padre era mucho más que elegir un nombre (algo que no hice muy bien que se diga) y mantenerla alimentada. Estaba ayudando a formar a una persona. Desde los primeros sonidos a los primeros pasos, hasta las primeras palabras, mi Emma comenzó a desarrollar su personalidad. Era una personita. Y mi trabajo consistía en prepararla para estar en el mundo.

Comencé por darme cuenta de que realmente había que enseñarle a diferenciar el bien del mal, lo que significaba disciplina. Nunca fui muy bueno en eso. Con que solo me mirara con sus ojitos llenos de esperanza, no importaba lo que hubiera hecho, yo caía rendido a sus pies.

Antes de que me diera cuenta, ya Emma estaba camino a la escuela lo que significó que mis horas con ella cada día disminuyeron ostensiblemente. Teníamos un tiempo muy breve en las mañanas, antes de la escuela y el trabajo, un ratito a la hora de la cena y antes de ella irse a dormir y, además, cualquier tiempo que tuviéramos durante el día. Tenía solo tres oportunidades al día para sostener una conversación directa con mi niña: durante el desayuno, la cena y la hora de irse a dormir. Cuando podía añadir algo más, no superaba una hora diaria.

Aunque sabía que eso era parte de dejar que mi hija creciera y lograra la independencia en el mundo, echaba de menos aquellos momentos de conexión. De sentir que estaba dando forma a su día. Aunque me daba cuenta de que los amigos y la escuela estaban captando la mayor parte de sus horas activas, llegando a ser más y más importantes para ella, quería encontrar una manera de insertarme en su ajetreo diario.

Emma siempre se ha preocupado por las comidas. No sé si otros niños tendrán esa misma fijación pero Emma, apenas saltaba de la cama y aun con su cobija favorita en la mano, preguntaba: «¿Qué hay para cenar?».

Tuve la suerte de trabajar para una empresa que nos animaba a que pasáramos el tiempo que necesitáramos con la familia. Por lo tanto, me hice voluntario para ayudar a darles almuerzos a los niños del jardín de infantes. Abría los cartones de leche, rociaba la salsa de tomate, les pasaba los sorbetes para sus jugos y limpiaba los derrames. Era la hora más difícil del día. Pero significaba que podía sentarme con mi hija durante un rato, conocer a sus amigos y ver cómo interactuaban.

También significaba que podía ver lo que estaba comiendo cuando compraba el almuerzo en la cafetería. Pronto me convertí en defensor de preparar los almuerzos en casa.

Por lo general, soy el primero en levantarme; por lo que pronto me convertí en un experto preparador de almuerzos. Me gusta picar, cortar, mezclar y empacar. Siempre procuraba incluir algo especial que sabía que a ella le encantaría, como una galleta o una porción de pudín. Algo que hiciera que su rostro resplandeciera.

De vez en cuando le incluía una nota escrita en su servilleta.

Las notas comenzaron siendo algo muy simple: *Te quiero. Que tengas un gran día. Sé amistosa con los demás.*

Ni siquiera sabía si las leía. O si le importaban. Pero quería que cada día fuera para ella algo especial.

Un día, acababa de preparar su almuerzo. Todavía no había escrito la nota. Emma se fijó en su almuerzo sobre la encimera de la cocina y vio que no había ninguna nota. Se le dispararon las neuronas de su cerebro. Agarró la bolsa, se me acercó con ojos entre suplicantes y sorprendidos, y me dijo: «¿Y la nota?».

Fue entonces cuando supe que le importaban.

Por lo tanto, eso se convirtió en una práctica para mí. Una práctica instructiva. Sin importar las circunstancias, me aseguraba que Emma tuviera su nota. Y a medida que fue creciendo, las notas se hicieron más específicas. Más reflexivas. Algunas veces incluía citas que me habían tocado, como: «¿Por qué ser como los demás, si naciste para sobresalir?», por el doctor Seuss. Me di cuenta de que esos eran momentos en los que podía ayudar a pastorearla y guiarla en el proceso que la llevaba a convertirse en una joven. Ser padre conllevaba ayudarla a convertirse en alguien que se distinguiera en el mundo. Esta fue la manera con la que esperaba darle forma diariamente.

Nunca pensé que algún día las servilletas se convertirían en mi legado.

LECCIÓN # 1:

Aprende a aceptar las críticas con gracia.

La crítica es una oportunidad para mejorar. No tienes que brincar a una actitud defensiva. En primer lugar, agradece a la persona que te ofrece una crítica. Escucha el comentario. ¿Hay alguna manera de convertirlo en algo positivo?

¿Recuerdas cuando te comenté sobre tu forma de batear? Te dije que debías de mantener ambas manos en el bate más tiempo. Me pareció que estabas soltando el golpe demasiado pronto y restabas potencia al impacto. Vi resistencia en tu mirada. Frunciste el ceño ante la crítica. No te estaba diciendo que fueses una mala bateadora. No me estaba metiendo contigo. No era un ataque personal.

La crítica no es un insulto. Acéptala. Merece la pena escucharla.

Primera ronda

¡Ojalá vivas todos los días de tu vida!

—Jonathan Swift

Si Dios te manda por un camino pedregoso, te dará calzado resistente. —Dicho irlandés

CAPÍTULO 2

Rojo sangría

La volví a perder de vista. Yo iba corriendo, pero ella iba más rápido. Yo me mantenía en el camino pero ella corría por entre los árboles y los arbustos. Me era imposible alcanzarla. El terreno era demasiado sinuoso e irregular. Yo corría hacia arriba, hacia abajo, a izquierda y a derecha. El sol de la tarde me daba de lleno a través de las hojas doradas y rojas. Mi esposa y mis vecinos estaban muy por detrás de mí, pero todos gritábamos su nombre. Yo me estaba esforzando al máximo por avanzar lo más rápido que podía. Estaba casi sin aliento. Y asustado. Ella nunca había estado tan sola como ahora ni con tanta libertad. Tenía que mantenerla al alcance de mi vista.

Estábamos de campamento,, una actividad que, concretamente, disfrutaba poco. En una caminata con nuestros amigos, nuestra perra Noël salió en persecución de algo y no la veíamos por ningún lado. La habíamos adoptado hace casi un año. Estuvo cincuenta y nueve días en un refugio de animales ubicado en un condado vecino en el que, después de sesenta días, los animales que no encontraban hogar eran sacrificados.

A Noël la salvó un grupo de rescate de la localidad llamado FLAG [Por amor de los animales de Goochland, por sus siglas en inglés]. Noël apenas parecía una perra cuando la conocimos. No era más que piel y huesos. Con pelo escaso y en parches.

Era evidente que se las había tenido que arreglar sola durante bastante tiempo. Era asustadiza y, en cuanto a mí, me tenía un miedo mortal. Lissa y Emma tenían razón: Noël era la perra que debíamos rescatar.

Pero yo no quería otro perro en casa. Lucy era mi preferida. La había elegido y querido durante trece años. Era una mezcla de pastor alemán y Rottweiler. Había muerto cuatro meses antes que Lissa y Emma me emboscaran con imágenes de perros en refugios. Yo todavía estaba triste y no estaba listo emocionalmente para otra mascota.

Seguí corriendo a pesar de sentir mis pulmones a punto de a explotar. Bailey, el perdiguero color dorado de nuestros vecinos, y Noël corrían adelante. Yo solo podía ver una bola de pelo color amarillo. Esperaba que Noël no estuviera tan lejos.

Por fin, vi a los perros aminorar el paso. Algún olor detuvo su alegre correría. Logré atrapar a Noël y ponerle la correa. Dejé escapar un gran suspiro de alivio, agradecido porque el resto de nuestro fin de semana no se gastaría correteando con la esperanza de atrapar a Noël y traerla de vuelta a casa.

Nuestros vecinos, Mike y Sheryl Bourdeau, nos habían invitado a acampar, pues era la última oportunidad antes de que el frío del otoño se hiciera presente. Por lo menos, estaríamos en una cabaña y no en una carpa. Soporto mejor acampar en una cabaña que dormir en el suelo. Estábamos celebrando el cumpleaños de Sheryl, por lo que esa noche Mike había preparado una fantástica cena con filetes. Brindamos por la cumpleañera con vino tinto y comimos pastelitos *gourmet*. Jugamos algunos juegos y disfrutamos de una grata camaradería. La noche llegó a su fin con demasiada rapidez. Cuando estaba preparándome para irme a dormir, necesité usar el baño. Mientras estaba parado orinando, quedé estupefacto. Mi orina era de color rojo sangría.

Al principio, no pude imaginarme qué podría ser. No sentí dolor ni ninguna otra indicación de que algo malo me estaba afectando.

Creí que iba a volverme loco.

Busqué a Lissa y le conté. Eché mano de mi celular y traté de buscar causas potenciales. Dentro de la cabaña casi no había señal, así que salí al porche, sostuve mi teléfono por encima de la cabeza y lo incliné en el ángulo correcto para captar la señal. Sangre en la orina se llama «hematuria macroscópica». Leí sobre las causas potenciales. Al final de una lista aterradora había dos causas que Lissa y yo esperábamos que fuesen la respuesta: ejercicio vigoroso y el consumo de una cantidad excesiva de remolacha. Respecto de lo primero, no solo había estado corriendo vigorosamente tratando de atrapar a Noël, una actividad que no es parte normal de mi rutina y en cuanto a lo segundo, las golosinas en el cumpleaños de Sheryl incluían un pastel de terciopelo rojo [conocido en inglés como *red velvet*] comprado en la confitería. Aunque nunca lo hubiera adivinado, Lissa sugirió que la confitería pudo haber utilizado jugo de remolacha concentrado para colorear el pastel. Nos tranquilizamos lo suficiente como para poder dormir, esperando que se tratara de una coincidencia insólita y no algo que reclamara una preocupación seria.

La excursión terminó sin mayores incidentes. Y casi me olvidé del asunto. Nos dirigimos a casa y reanudamos nuestra vida normal, hasta el día siguiente, cuando volvió a aparecer sangre en mi orina. Aunque no soy de esas personas que se preocupan por pequeñeces, me dije que tendría que visitar a mi médico para un chequeo. Así es que hice una cita con mi médico de cabecera, el doctor Morgan.

Después de un examen físico de rutina, el reporte del doctor Morgan fue que todo estaba bien, a excepción de mi orina. Dijo: «Puede que no sea nada. Puede que sea algo». Me ordenó que fuera a la clínica Virginia Urology para ver a un especialista. Cuando abandonaba su oficina, me dijo que si no podía conseguir una cita con rapidez lo llamara y él lo intentaría.

Por dicha, me dieron una cita para el día siguiente. Me vería el doctor Tim Bradford. Dimos los mismos pasos que habíamos dado con el doctor Morgan por casualidad. Y me di cuenta de que Bradford usó la misma frase evasiva: «Esto podría ser nada. O podría ser algo». (¿Se las enseñarán en la escuela de medicina para utilizarla cuando realmente no tienen idea qué es con lo que están tratando? ¿Se supone que con esa frase se tranquilizará al paciente? Si es así, conmigo no estaba funcionando). Terminó con: «Vamos a hacerte una tomografía computarizada». Él quería descartar cualquiera asunto grave. Pero pensaba que podríamos estar tratando con cálculos renales u otra cosa de menor importancia.

Dos días después, me estaba preparando para mi primera tomografía computarizada. El proceso estaba planificado con exactitud. La noche antes del procedimiento, a las nueve en punto, tendría que ingerir una desagradable bebida blanca llamada «contraste». Lo mismo tendría que hacer noventa minutos antes del escaneado. No debía usar nada con metal. Beber un poco más de contraste durante la espera. Lo que se procura es que el paciente esté tranquilo. Yo no tuve tiempo ni de ponerme nervioso ni de preocuparme. Pensé que una tomografía estaba más allá de la necesidad de diagnóstico; así es que me mantuve tranquilo.

La parte más divertida del procedimiento fue la charla que me dieron antes de que comenzara. Yo yacía boca abajo sobre una camilla metálica, a la espera de que me introdujeran en el tubo.

«¿Le han hecho una tomografía computarizada antes?», me preguntó el técnico con toda calma. Con un movimiento de cabeza le dije que no. Una leve sonrisa se dibujó en su rostro. «Bueno. La camilla se deslizará una vez dentro del tubo. Escuche las instrucciones y respire cuando le digan. La segunda vez injectaremos el contraste por la vía intravenosa. Algunos pacientes sienten un ligero sabor metálico en la boca. Justo después de eso, va a sentir como si se estuviera orinando. Pero no se preocupe. No es real». ¿Saben qué? Tenía toda la razón. No era real.

Ese pequeño discurso es parte del proceso. Preparar al paciente para que no se asuste cuando sienta que se está orinando en los pantalones. He escuchado la misma perorata una y otra vez.

La tomografía no toma mucho tiempo y, antes de que me diera cuenta, estaba camino a casa. A esperar. Serían cinco días antes de que los resultados estuvieran listos. Como no estaba demasiado preocupado con los resultados, pude concentrarme en otras cosas. Mi compañía tenía un proyecto de fin de semana para un bufete de abogados local. Era una actividad caritativa en la que daban «Juguetes para los niños», a la cual asistí. Me mantuve ocupado mientras esperaba reunirme con el médico.

A menudo, los nuevos comienzos se disfrazan con finales dolorosos. —Lao Tzu

---

Al fin llegó el momento para reunirme con el doctor Bradford. Mi cita era antes de otras tres. Lissa tuvo que recoger a Emma en la escuela. Me senté a esperar en el consultorio del doctor. Mis pies no paraban de taconear en el piso. Estaba nervioso. Me dije que todo saldría bien, pero de todas maneras no me gustaba estar allí.

Solo deme mi certificado de buena salud o una recomendación para hacer más ejercicio y me voy.

No fue así.

El doctor Bradford entró. Miramos mi tomografía en el monitor de una computadora. En los siguientes cuarenta y cinco minutos no vi nada. Oí la palabra «tumor» y «doce centímetros». Oí «biopsia» y que decían: «Esto es muy grande; de todos modos, tendríamos que sacarlo». Y luego: «La tasa de mortalidad es muy alta para el cáncer de riñón en metástasis».

Mi cerebro no podía entender lo que decían. ¡Por el amor de Dios! Se suponía que debía tener un cálculo renal o algo así. Lissa no estaba conmigo porque no esperábamos nada serio.

Todo lo que supe al final fue que el doctor Bradford estaba programando algunas exploraciones adicionales para determinar qué era exactamente lo que estaba pasando en mi cuerpo. Volví a casa envuelto en penumbras. Aunque sabía que habían dicho un montón de cosas y discutido diversos resultados, todo lo que oí fue: «Señor Callaghan, usted va a morir».

Mientras conducía con mis manos aferradas firmemente al volante, me dije que tenía que llamar a Lissa. Le había prometido que la llamaría en cuanto terminara mi visita al médico. Pero esto no era algo que pudiera explicarse por teléfono. Necesitaba darle esta noticia en persona.

Conduje rápidamente temiendo, por un lado, volver a casa y, por otro, desesperado por ver a Lissa. Al llegar, vi que el estacionamiento estaba vacío. ¿Dónde estaba todo el mundo? ¿No sabían que los necesitaba?

Soy una persona paciente pero, aun así, tengo mis límites.

Me encontraba en la cocina cuando sonó el teléfono. Era Lissa. Estaban en camino a casa. No debería haber respondido. Sabía que Lissa haría preguntas, pero yo no sabía qué otra cosa hacer. Ella era mi fuerza de apoyo y me sentía como si me estuviera ahogando. Con solo oír el sonido de su voz me sentí ansioso.

«¿Cómo te fue en la cita?», preguntó. Mentalmente casi la podía ver, conduciendo nuestro miniván camino a casa. Emma en el asiento trasero, con la normalidad que la envolvía.

Sin embargo, todo estaba a punto de derrumbarse a su alrededor.

Antes de que pudiera evitarlo, pensar en algo o esperar hasta que llegara a casa, le dije: «Tengo cáncer».

¿Qué estaba pensando? ¿Y si ella hubiese tenido un accidente provocado por tan terrible noticia? Pero yo no razonaba. Estaba desesperado. Conmocionado. Necesitaba a alguien que me ayudara a procesar todo.

Llegaron a casa unos minutos más tarde. Lissa acomodó a Emma en la cocina para comer una merienda y luego me encontró en la habitación de arriba. Me abrazó con fuerza. Había tantas preguntas y yo realmente no tenía ninguna respuesta.

Sí, el médico estaba seguro de que era cáncer.

Sí, probablemente tenga que someterme a una operación.

Sí, hay que sacarlo de mi cuerpo, aunque se trate de un tumor benigno. Ha afectado el riñón.

Sí, parece que se ha diseminado.

No, no se sabe qué lo causó.

No, no sé qué hacer.

Sí, estoy en peligro de muerte.

Sí, estoy asustado.

No, no sé cómo decírselo a Emma.

Aprende las funciones básicas de un automóvil.

Yo no aprendí a manejar sino hasta que estuve en la secundaria. Aunque mi papá me había llevado en su camioneta por caminos rurales, de eso hacía ya años y no tenía mucha práctica. Podía manejar lo suficientemente bien y seguir las reglas del tránsito, pero no había desarrollado un nivel aceptable de conocimiento en cuanto a los autos. Todo era bastante extraño para mí.

Un fin de semana me atreví a invitar a una chica al autocine al aire libre Valley Brook. Aunque Heidi aceptó, quiso saber si estaba bien que fuera con una amiga suya. A mí me pareció extraño pero como realmente quería estar con ella, le dije que estaba bien. Recogimos a la amiguita y nos fuimos.

El autocine era bastante antiguo, de esos que tienen altavoces en los postes y un campo de juegos que se podía usar antes que anocheciera. Vimos una película y pasamos un tiempo agradable. Los problemas surgieron cuando llegó el momento de regresar. Quise arrancar la camioneta de mi papá, una Ford F-100 Stepside. Presioné el acelerador y nada. ¿Qué había pasado? Yo no tenía suficiente experiencia en problemas como ese, así que puse la camioneta en reversa. Tal vez estaba atascado en algo. Nos movimos un poco, pero no como para aumentar la velocidad. Traté poniendo la palanca de cambios entre marcha adelante y marcha atrás.. Aceleré y levanté una nube de polvo. Golpeé uno de los postes de los altavoces, rompiendo uno de los focos traseros. ¡Fantástico! ¡Qué manera de recordar una cita!

Entré al edificio de la administración, eché una moneda de diez centavos en el teléfono público y llamé a casa. Le dije a mi padre lo que estaba ocurriendo.

Me escuchó con atención y me dijo lo que tenía que hacer. Me dijo que debía seguir sus instrucciones exactamente. «Dé vuelta a la camioneta, agarra una linterna y levanta el capó. Observa durante un par de minutos toda el área del motor y procura proyectar la idea de que sabes lo que estás haciendo. Baja el capó con firmeza y entra en la cabina. Arranca el motor *y quita el freno de mano.* Lleva a las chicas a su casa y mañana reemplaza la luz trasera que rompiste. ¿Está claro? ¡Clarísimo!

Gracias, papá.

Querida Emma: Quienquiera que piense que los días soleados son pura felicidad es porque nunca ha chapoteado bajo la lluvia. Te amo. Papá.

CAPÍTULO 3

«¡Estoy de maravilla!».

Sonreí cuando le puse la tapa a mi bolígrafo. Este resultó muy bueno. En caso de duda, mis *notas de amor* tienden a inclinarse a lo positivo o hacia cómo podrías cambiar tu actitud. Esto era clásico. Yo sabía que, a menudo, en los tiempos difíciles de la vida es cuando más se aprende o se necesitan más para mantenerte en el camino que te llevará a algo realmente grande. Si puedes recordar esto siempre, podrías lograr cualquier cosa.

No le había dicho nada a Emma todavía. Había estado tratando de mantenerla lo más tranquila mentalmente para que pudiera escuchar las noticias que tenía que darle.

Cuando estaba en la universidad, empecé a trabajar en una tienda de comestible con un pequeño servicio de café. Necesitaban un empleado para los fines de semana y yo necesitaba dinero para ayudarme a pagar mis estudios. No era un trabajo emocionante ni glamoroso. Pero pagaba las cuentas y eso era todo lo que necesitaba.

Los sábados, tenía que levantarme antes del amanecer para atender el primer turno. A veces, incluso trabajaba toda la noche. Era un trabajo agotador y aburrido. Pero sabía que con eso estaba ayudando con los gastos de la universidad.

Un sábado por la mañana, cuando había estado trabajando allí menos de seis meses, un hombre entró en la tienda. Lo hizo tambaleándose. No podría decir qué edad tenía, pero parecía que venía de una larga noche de fiesta o cargaba con la peor resaca de su vida. Llevaba un par de gafas que me pareció que no eran parte normal de su atuendo. Me pareció ese tipo de personas que usan lentes de contacto.

Se dirigió directamente donde estaba el café y comenzó a llenar una taza, le vertió un poco de crema y empezó a revolverlo. Levantó la vista de su taza, se fijó en mí y me dijo: «¿Cómo estás?», probablemente sin esperar una respuesta.

Golpeé con la palma de mi mano el mostrador y dije:

—¡Estoy de maravilla!

El hombre dejó de revolver su café y me volvió a mirar. Sus ojos se encontraron con los míos.

—Esa es una actitud muy interesante a estas horas de la mañana —dijo con una leve sonrisa.

—Cuanto más lo digo, más lo creo y estoy seguro que finalmente lo experimentaré —le dije con toda sinceridad.

Antes que me diera cuenta de lo que estaba ocurriendo, el cliente se acercó al mostrador, dejó su café encima y me extendió la mano.

—¿Quieres trabajar? —me dijo.

Resultó que él trabajaba en la división de «Impulse» de la tienda Circuit City y me preguntó si querría unirme a su programa de gestión en capacitación. Le gustó mi actitud y fue suficiente para que pensara: *Este es el tipo de empleado que me gustaría tener.*

Si no hubiese tenido esa actitud, no habría conseguido aquel trabajo, lo que hizo que conociera a mi esposa, lo que me llevó a tener a Emma. Si no hubiese tenido esa actitud, quién sabe dónde estaría mi vida.

Pero, ¿tener una buena actitud hacia el cáncer? ¡Era una prueba! ¿A quién le gustaría que le dijeran eso a los cuarenta y dos años?

Y mucho menos decírselo a su hija de doce años.

Pocos días después de mi diagnóstico, sentí que había llegado el momento de decirle a Emma lo que estaba pasando. No tenía idea de cuánto sabía ella sobre el cáncer; incluso pensé si debería usar esa palabra. Yo quería presentárselo de una manera positiva y asegurarme de que tuviera la actitud correcta, con lo que podría evitar que se asustara demasiado. Seguí recordándome a mí mismo que en realidad todavía no sabíamos exactamente con qué estábamos lidiando.

Si evitaba ser demasiado explícito quizás ella nunca sabría hasta qué punto yo mismo me sentía aterrorizado.

Lissa y yo hablamos durante horas sobre la mejor manera de plantear la conversación. ¿Deberíamos estar los dos o solo yo? ¿Sería mejor ocultárselo? Si optábamos por esto último, yo sabía que ella se daría cuenta de que algo extraño estaba pasando en su familia. Al fin, decidimos que lo mejor sería explicarle en la forma más clara la situación en vez de dejarla aparte y confundida.

No pude evitar pensar en el día cuando le dije lo de Lucy. Había muerto cuando Emma tenía nueve años. Aunque definitivamente no era una conversación que tenía ganas de iniciar, cuando había pensado en ella, no consideré en lo devastado que yo me sentiría. Solo estaba pensando en Emma. Pero cuando Lucy murió... Uao. Yo estaba por el suelo.

Lucy fue el primer perro que tuve. Cuando era joven nunca tuve uno, de modo que cuando Lissa dejó caer la idea de adoptar un perro, yo no me mostré muy entusiasta. La verdad es que no sabía cómo sería nuestra relación con el animal.

Visitamos sin éxito varias organizaciones de la localidad que acogen perros. Yo sabía que *no* quería uno, pero no estaba seguro de lo que quería. Y entonces, un día fuimos a un refugio y allí vi a Lucy. No sé cómo describirlo, excepto que supe en el momento que la vi que ella era la mascota mía. Era pastor alemán con Rottweiler. Era una perrita animosa. Cada vez que la llevábamos al veterinario, le observaba las patas y decía: «Va a ser una perra bastante grande, probablemente de dieciocho kilos». Pero a la siguiente visita le agregaba otros cuatro. Lucy llegó a alcanzar los cuarenta y cinco kilos.

Después de sus años de cachorro y de alcanzar la madurez, Lucy llegó a ser la perra perfecta. Se comportaba bien, ni siquiera necesitaba correa cuando salía a caminar con ella. Si me detenía y ella iba delante de mí, daba media vuelta y venía a sentarse a mi lado. Odiaba a los extraños y tenía un ladrido que daba miedo, pero si alguien cruzaba el umbral de nuestra casa, era su mejor amigo.

Ella era mi perra. Siempre quería estar cerca de mí. Nunca supe hasta dónde un perro podría darse a su amo. Y, más importante, nunca pude entender cuánta alegría expresa ese animal cuando entras por la puerta, hayan pasado cinco minutos o cinco días. Los perros sin duda saben cómo hacer que te sientas importante y amado.

¿Y qué con Lucy y Emma? Eran auténticas hermanas. A medida que Emma crecía y se hacía más grande, Lucy era muy paciente con ella. Emma quería que Lucy fuera su compañera de juegos. Una mañana de Navidad, Emma recibió un juego de peluquería de juguete. Cuando entré en la sala de estar con una taza de café en la mano, me encontré con mi perra de cuarenta y cinco kilos dejándose peinar su pelaje seco con las herramientas de juguete.

Cuando llegó el verano de 2010, y Lucy tenía trece años, comenzó a decaer. Se lo pasaba durmiendo, casi no comía y tenía accidentes en la casa. Sabíamos que estaba llegando el momento.

En agosto tuve que asistir a una convención de *Star Wars* en la Florida acompañando a mi sobrino de quince años. Fueron cinco días fuera. Cuando llegué a casa, mientras desempacaba y aun disfrutaba la experiencia vivida, Lissa me abordó. Se sentó en la cama. Y me dijo:

—No quiero arruinarte el día, pero las cosas no van bien con Lucy.

Dejé lo que estaba haciendo, me senté en la cama junto a ella y escuché su charla acerca de la visita al veterinario. Lucy tenía insuficiencia hepática.

—¿Qué dijo el veterinario? ¿Hay algo que podamos hacer?

Con los ojos llenos de lágrimas, Lissa negó con la cabeza.

—Podríamos gastar miles de dólares en cirugía —dijo—, y con eso lo mucho que conseguiríamos sería un par de meses como máximo.

Sentado allí, me miré las manos. Sufría porque las cosas hubieran llegado a ese punto. Lo único que quería era ayudar a

Lucy. Si ella estaba tan mal, tendríamos que hacer lo que fuera sin demora alguna.

Esa misma tarde la llevé al veterinario y me despedí de Lucy.

Emma estaba en casa de una amiga, y aunque sabía que sería difícil explicarle que Lucy se acababa de ir, no quise que ella tuviera que decirle adiós. En muchos sentidos, pensé que complicaría aún más las cosas.

Entonces llegó el momento que había estado temiendo desde hacía ocho años. Tendría que sentarme con mi hija y explicarle que Lucy ya no estaría con nosotros. Temía romperle el corazón, cuando el mío ya estaba hecho pedazos.

Siempre parece imposible hasta que se hace. —Nelson Mandela

Emma estaba ahora en los doce y crecía rápidamente convirtiéndose en joven. Había estado expuesta a las angustias de la vida más de lo que yo hubiera querido. Tan solo unos meses antes de mi diagnóstico, mi padre falleció inesperadamente. Se había sometido a una biopsia para asegurarse de que no tenía cáncer de pulmón y, un par de días más tarde, este colapsó. Entró en coma y nunca despertó. Irónicamente, la biopsia llegó limpia. Pero era demasiado tarde. Papá se había ido.

No fue sencillo darle la noticia a Emma. Pero su abuelo había muerto siendo una persona de edad. Ella tenía amigos que no tenían abuelos vivos, pero sabía lo que había sucedido. Sin embargo, ¿un padre enfermo? ¿Conocía ella la palabra «cáncer»? Pensé que tal vez entendería más de lo que yo esperaba. Solo tendría que centrarme en los hechos.

Me senté con Emma y le hablé reposadamente acerca de mi enfermedad. Era probable que tuviera cáncer. Quizás tendría que someterme a una cirugía. Si todo iba bien, lo sacarían y eso sería todo.

Como es evidente, minimicé mis temores. Ella lloró. La abracé. Le dije que todo iba a salir bien, a sabiendas de que podría no ser verdad.

En los días que siguieron, casi no pude mirarla a los ojos, temiendo por su potencial pérdida. Sí, me daba miedo el diagnóstico y la espera para ver lo que sería nuestro plan de tratamiento. Pero, sobre todo, seguía pensando en Emma. En cuán joven era. En lo difícil que sería para ella crecer sin un padre. En lo mucho que perdería si no podía superar eso.

Me considero una persona bastante estable. Se necesita mucho para que muestre mis emociones. Pero me encontré de pie en la ducha, sollozando. Todavía estábamos esperando para saber exactamente qué era a lo que nos enfrentábamos. Hasta ahora, el diagnóstico había sido vago, sin muchas opciones. No dejaba de pensar que podría morir dentro de un año. Aún no había tenido la oportunidad de destacarme en algo, con la excepción de mi familia. ¿Era eso suficiente? No lo sabía.

Mirando la lista de mis dichos favoritos, traté de recordar todas las citas que le escribiera a Emma a lo largo de los años. ¿Cómo iba a bailar en esta tormenta? ¿Cómo podría encontrar un rayo de luz con el fin de ver un arco iris, algo que nunca habría visto si la lluvia no hubiese estado allí? Pero no pude encontrar un haz de luz. En alguna parte.

No bebas y conduzcas. Nunca.

Yo era joven, probablemente andaba por los veinte. Estaba trabajando en una comunidad de veraneo cercana y con frecuencia tenía que volver a casa a altas horas de la noche. El camino que me llevaba a mi pueblo era estrecho, apenas lo suficientemente ancho como para que dos coches pasaran uno al lado del otro sin que las ruedas se subieran al arcén de tierra. Era un camino sinuoso en el que soplaba mucho viento.

Una noche me quedé después del trabajo y salí con algunos compañeros. Tal vez bebí demasiado. No. Definitivamente, bebí demasiado. No debí haberme puesto detrás del volante; debí haberme quedado con mis compañeros. Debí haber llamado a un familiar. Debí haberme quedado a dormir en el auto. Pero no. Decidí conducir. Pésima decisión.

Yo sabía que el camino entre Old Forge y Port Leyden no era fácil de recorrer en los mejores días, así que tomé una ruta más larga esperando que las cosas me fueran mejor. Salí del camino consciente de que si seguía conduciendo podría provocar un accidente. Pero me detuvieron. Gracias a Dios. El oficial sabía que yo no debía haber estado conduciendo. No sé por qué, pero no me cursó una infracción. Permaneció conmigo al lado del coche y me estuvo hablando a lo menos dos horas. Empezó a aclarar. No tengo ni la más remota idea de lo que hablamos, pero cuando el sol se asomó tras las montañas, me preguntó si creía que podría conducir a casa con seguridad. Le dije que sí y él me siguió hasta el límite del condado. Llegué a casa sin problema. Más importante aún, conduje sin haber herido a nadie, a la vez que aprendí una importante lección ese día.

Siempre vendré por ti. Permíteme. Sin preguntas.

CAPÍTULO 4

¿Dónde está el Pony?

uando estaba en octavo grado la señora Nona Wiley (sí,
recuerdo a *todos* mis maestros) nos contó una historia
que era más o menos así:

*Había dos niños gemelos. Tendrían alrededor de seis años. A pesar de
que eran iguales, sus personalidades eran muy diferentes. Uno era muy
feliz y el otro, extremadamente ansioso.*

*Los padres llevaron a los niños a ver a un consejero. Este ideó un
examen. Había dos habitaciones. En una puso a uno de los chicos y en
la otra puso a su hermanito. La habitación del niño ansioso estaba
llena de juguetes y juegos. Un Atari, soldados G.I. Joe, personajes de
La guerra de las galaxias, un PAC MAC, un MERLIN y mucho más.
El chico se sentó en el centro de la habitación y se puso a llorar. Temía
romper algunos de los juguetes y el miedo lo tenía paralizado.*

*El niño feliz estaba en un cuarto prácticamente vacío. No había
juegos ni juguetes. Solo había un gran montón de estiércol de caballo.
El hedor llenaba todo el lugar y resultaba prácticamente insoportable.*

*El consejero no estaba preparado para la reacción del niño feliz.
Este corrió a la habitación y empezó a subir por la pila de estiércol al
tiempo que escarbaba como buscando algo. El estiércol se esparció por
toda la habitación.*

Preso del asombro, el consejero le preguntó:
—¿Qué haces?
—Con todo este estiércol —respondió el niño feliz—, ¡en alguna
parte tiene que haber un Pony!

Me encanta esa historia. Y siempre he intentado ser ese segundo niño. Todo el mundo tiene obstáculos. Mi padre luchó por años contra el alcoholismo. Crecí en un pequeño pueblo donde muchos de los padres pasaban horas trabajando duro como madereros o agricultores. Tengo un pariente que lucha con la depresión. Mi madre y su hermana no se han hablado en años. (¡Hay que arreglar eso, mamá! Tal vez en el momento en que este libro salga...). Tengo cáncer.

He sido durante mucho tiempo un creyente de que no se trata del obstáculo que enfrentes, sino cómo haces para superarlo. Y la superación de ese obstáculo te puede enseñar más que un tramo plano de la carretera. Se aprende luchando. Entra al campo de batalla y pelea por lo que quieres.

La primera batalla que recuerdo haber librado fue durante las pruebas para integrar al equipo de béisbol de Port Leyden. Las ciudades pequeñas hacen pruebas de selección. No todo el mundo puede integrar al equipo. Es una logística sencilla, porque solo hay un número limitado de uniformes. Los jugadores tienen que someterse a las reglas si quieren conseguir una de las codiciadas posiciones.

Me presenté, solo, para el primer día de las pruebas. Tenía un guante nuevo y estaba listo para jugar. La mayoría de los chicos del pueblo estaban allí, pero el entrenador no había llegado. Algunos de los chicos mayores estaban fumando.

Aquello me pareció raro. Yo no tenía ningún deseo de fumar. Por supuesto, todos les ofrecían cigarrillos a los más pequeños. Me ofrecieron uno a mí y me negué. Uno de los muchachos me tiró un guante a la cara. Eso dolió y mucho. Avergonzado, me encogí de hombros y me alejé. Yo sabía que tenía muchas ganas de jugar. Pero los chicos mayores claramente no me querían allí.

No había llegado a la casa cuando me di la vuelta. Los grandes no iban a arruinarme la existencia. Me dirigí de nuevo al campo de juego y me puse a practicar. Practiqué cada noche hasta que las pruebas llegaron a su fin. Me encantaba el béisbol y yo estaba exactamente en el lugar preciso.

No formé en el equipo ese año.

Aunque hice las pruebas en los años siguientes, no recuerdo una sola cosa sobre esas pruebas posteriores. ¿Por qué? Porque no eran realmente importantes. No eran una batalla que librar.

Campeón es aquel que se levanta cuando ya no puede. —Jack Dempsey

---

El cáncer es el obstáculo más grande que he enfrentado. Tan pronto como mi médico puso las tomografías computarizadas en la pantalla, incluso yo, sin experiencia médica, reconocí que había algo muy malo en mis exploraciones. No entendía por completo el nivel de peligro, pero el «cáncer» me estaba enviando a un campo de batalla en el que yo era un novato. ¿Cómo podría convertirme en un paciente con cáncer fuera de lo común? ¿Cómo podría ayudar a mis médicos a salvarme?

Tenía citas de seguimiento programadas para la primera semana de noviembre. Yo sabía que tenía que ir preparado, con tanto conocimiento como me fuera posible, de tal manera que pudiera hablar el idioma del médico.

Directamente desde la página web de la Sociedad Americana del Cáncer:

Muchos casos de cáncer de riñón se detectan relativamente en las etapas iniciales, cuando aún se encuentran confinados al riñón, aunque otros casos son detectados en etapas más avanzadas de la enfermedad. Esto se debe a varias razones:

- *Algunas veces, estos cánceres alcanzan un gran tamaño sin causar ningún dolor u otros problemas.*

- *Debido a que los riñones se encuentran en un área profunda del cuerpo, los tumores pequeños del riñón no se pueden ver o palpar durante un examen físico.*

- *No existen pruebas de detección recomendables que se puedan usar para la detección precoz del cáncer de riñón en personas que no presentan un riesgo aumentado.*

Me mantuve leyendo y aprendiendo:

- *En el año 2011 se detectaron en Estados Unidos alrededor de 1,6 millones de nuevos casos de cáncer.*

- *Se presentarán cerca de 60.920 nuevos casos de cáncer de riñón (37.120 en hombres y 23.800 en mujeres).*

- *Al momento del diagnóstico, la edad promedio de las personas es de sesenta y cuatro años.*

- *El cáncer de riñón es muy poco común en personas menores de cuarenta y cinco años, y ocurre con mayor frecuencia en las personas de cincuenta y cinco años o más.*

- *La tasa de crecimiento promedio de cáncer de riñón es de menos de un centímetro por año.*

Me quedé mirando la pantalla del ordenador frente a mí. ¿Cómo pudo haberme pasado esto a mí? ¡No tengo más que cuarenta y dos! ¡Veintidós años más joven que la edad promedio de diagnóstico! ¿Y el tumor que me descubrieron? *Trece centímetros* en su punto más grueso. Lo que significaba que si había seguido un promedio normal de crecimiento, debo de haberlo tenido desde que tenía veintinueve años. En esencia, desde que me convertí en padre venía portando una bomba de tiempo dentro de mí.

Continué leyendo. El cáncer de riñón es notoriamente difícil de derrotar, e incluso cuando todo el mundo piensa que ya ha sido derrotado, tiende a aparecer de nuevo años más tarde. El cáncer de riñón en realidad no responde a la quimioterapia ni a la radiación. ¿Cómo se suponía que podría librar esta batalla con alguna posibilidad de ganarla?

Yo no quería desanimarme. Sabía que al entrar en mi próxima cita con el doctor el siguiente lunes, cuando iban a hacer una serie de exploraciones para averiguar exactamente qué estábamos enfrentando y formular el plan de tratamiento, necesitaba sentirme como un guerrero. Quería ser el mejor paciente y el más agresivo que se haya conocido. No se descartaría ningún tratamiento. Entraría en esa fase loca de mi vida y atacaría.

Me describo como un extravagante por varias razones. Una es que no tengo miedo de admitir lo mucho que me gusta *La guerra de las galaxias*. Cuando niño, me pasaba horas jugando con los juguetes de esa serie. Y, como adulto, pertenecí a la *Rebel Legion*, un grupo dedicado a hacer obras de caridad vestido como personajes de la serie. Cada vez que pensaba en esa batalla que estaba enfrentando, las frases de mi película favorita estallaban en mi cabeza: «Haz lo que debas hacer». «Haz... o no hagas, pero no lo intentes». «¡Seres luminosos somos! ¡No esta cruda materia!».

Para cada cita médica, decidí usar solo camisetas de *La guerra de las galaxias*, y le diría a cada miembro de mi equipo médico por qué. Necesitaba diferenciarme. Ser una persona, no solo un número de paciente. Sabía cuántas innumerables citas atendían esas personas cada día. Pero, ¿cuántos Garth Callaghan? Oh, sí, aquel tipo de *La guerra de las galaxias*. Me individualizarían y me recordarían. Me destacaría. Si hubiese creído que ayudaría, hasta habría llevado a mis citas una espada de luz.

Los siguientes días pasaron volando. Yo estaba involucrado en un proyecto en Rochester, Nueva York. Un querido amigo y colega, Kim Zirkle, gestionaba el proyecto. Le dije lo que estaba pasando y lo lamentó conmigo. El proyecto fue un éxito, pero a mí me dio lo mismo. Lo único que quería era volver a casa. ¿Qué estaba haciendo yo a quinientas millas de distancia de mi familia? Era una locura. Necesitaba llegar a casa.

El lunes tenía una serie de exploraciones: otra tomografía, una resonancia magnética y una gammagrafía ósea de todo el cuerpo. Lissa y yo fuimos al hospital, donde estuvimos todo el día. Me lo pasé acostado en varias camillas completamente quieto. Fue agotador.

Volvimos a casa. Tuvimos que esperar ocho días para reunirnos de nuevo con el doctor Bradford y recibir información sobre los resultados de los exámenes. La espera pareció una eternidad. Por lo menos teníamos la celebración del Día de Acción de Gracias para llevar nuestras mentes a otras cosas. Mi madre llegó a visitarnos. Tratamos que el cáncer no eclipsara el día de fiesta, lo cual era difícil, pues sería la primera celebración sin la presencia de mi padre. Mamá quiso quedarse más allá de su salida prevista a fin de estar allí cuando llegaran los resultados de los exámenes. Lissa y yo celebramos nuestro aniversario de matrimonio antes de la próxima cita. Estaba decidido a celebrarlo como si hubiese sido mi última oportunidad. Tal vez lo fue.

Al fin, llegó el momento de reunirnos con el doctor Bradford. Esta vez me aseguré de que Lissa estuviera conmigo. Necesitaba tener a alguien a mi lado para escuchar y absorber lo que se decía. Le presenté a Lissa. Analizamos la situación y luego los resultados de los análisis. Mi gammagrafía ósea estaba clara. El cáncer no se había propagado a los huesos. La resonancia magnética indicó que la propagación que habíamos visto en la tomografía probablemente no era cáncer sino un grupo de vasos sanguíneos.

—Por lo tanto, esto significa... —dije, tratando de descifrar exactamente lo que decía el doctor.

—Es una buena noticia, señor Callaghan —dijo—. Porque si bien tiene un cáncer en el riñón, este no se ha diseminado; por lo tanto, vamos a ir adentro a sacarlo.

Miré a Lissa con una sonrisa a medio esbozar. Estaba muy emocionado de saber que *solo* tenía cáncer de riñón. Programaríamos la cirugía lo más pronto posible y, si todo iba bien, retornaría a mi vida normal poco después de la cirugía.

Al recoger nuestras cosas una vez que la cita hubo concluido, saqué de mi bolso un regalo para el doctor Bradford. Era una figura de un médico androide de *La guerra de las galaxias*. Él lo recibió, lo miró extrañado y me miró a mí.

—Este es el tipo que salva a los héroes —le dije—. Su trabajo, doctor Bradford, es salvarme a mí.

Lección # 19:

Perdido en un país donde no conozcas el idioma.

Era mi primer día de clases en el Theodor-Heuss-Gymnasium de Göttingen. Yo tenía dieciséis años. No sabía alemán. Bueno, algunas palabras, pero estaba lejos de la fluidez. Mi hermana hospedadora, Katrin, fue conmigo a la escuela para mostrármela. Se aseguró de que supiera cómo encontrar la parada de buses. Tenía que esperarla a ella pero como mi día de clases terminó temprano, estaba seguro de que podría arreglármelas sin ella.

Qué equivocado estaba. Deambulé por la ciudad totalmente perdido. No tenía la más mínima idea de dónde estaba o cómo llegar a casa. No tenía mapa. Mi situación era desesperada. Recorrí las calles de Göttingen con la esperanza de reconocer algo. Debo haber andado dando vueltas por más de una hora. Me acerqué a alguien que me pareció familiar. Era la mamá de un compañero de la escuela. Ella me puso en el bus correcto y así pude llegar a la casa de Katrin.

Había estado completamente perdido. No hablaba el idioma. No tenía un teléfono celular. Sobreviví. No es tan malo perderse de vez en cuando.

Querida Emma: No es tan importante a dónde vas en la vida sino con quién vas y cómo distinguirte. Te amo. Papá.

CAPÍTULO 5

Una chica extravagante

Estaba aprendiendo rápidamente cuánto sería el tiempo de espera en esta batalla. Lo único que quería era entrar pronto al hospital y que de una vez se me quitara ese cáncer. Pero, tuvimos que esperar hasta antes de Navidad. No quería que esa situación eclipsara lo que normalmente es un momento tan alegre del año.

Mi cirugía fue programada para el 20 de diciembre. Si todo iba bien se esperaba que estuviera de vuelta en casa para el 22. No sería una Navidad normal de todos modos, pero al menos, si Dios lo permitía, estaríamos juntos.

Compré los regalos de Navidad y ayudé a decorar la casa. Incluso volé a Denver para una entrevista de trabajo. Había comenzado el proceso de entrevistas para este trabajo antes de que me diagnosticaran cáncer de riñón. Una vez que me enteré de mi problema de salud, esta posibilidad adquirió una importancia completamente nueva. Por ese tiempo, yo tenía mi propia compañía y pagaba mi propio seguro de salud. Sentí que si podía trabajar para la empresa de Denver podría proteger a mi familia. No sabíamos lo que el futuro deparaba, y yo quería asegurar lo mejor para todos.

Quise que el comité de contratación fuera consciente de mis problemas de salud. Un antiguo compañero formaba parte del panel de la entrevista. Lo llevé a un lado y le expliqué lo que estaba pasando.

«Tengo una cirugía programada para el 20 de diciembre», le dije. «Hay tres resultados posibles. Uno, que muera en la mesa de operaciones. Dos, que la cirugía sea exitosa con lo que podría estar de vuelta en casa en tres días. O, tres, que la cirugía no resulte bien, me den un año de vida y, por lo tanto, no pueda venir a trabajar con ustedes». Tuve la suerte de tener un amigo que pudo explicar todo esto al empleador. Me dieron mucho apoyo y comprensión durante todo el proceso.

Una mañana me detuve cuando vi a Lissa lavando los platos en el fregadero de la cocina. Era consciente del inmenso peso que todo eso significaba para ella. Trataba de ser fuerte, manteniendo a la familia funcionando normalmente, e incluso celebrando las fiestas. Pero me di cuenta de que su estado de ánimo estaba muy reducido. Me acerqué a ella, la abracé con fuerza, y le dije:

—Lo siento. Tú no te comprometiste para esto.

—Sí, lo hice. En los votos —me respondió y siguió lavando los platos.

Enfrentar mi problema de salud habría sido mucho más difícil si no hubiese tenido a Lissa a mi lado.

A veces me gusta bromear diciendo que si nos hubiésemos encontrado hoy, nunca se habría casado conmigo. Soy un extravagante autoproclamado, y en estos días, las chicas extravagantes no tienen miedo de ser lo que son. Pero en los años noventa, cuando estaba buscando esposa, la única chica extravagante que conocí fue mi primera novia. Lissa nunca ha visto todas las películas de *La guerra de las galaxias*. ¡Qué sacrilegio! Por suerte, no le hice esa pregunta sino hasta que había caído rendido a sus pies.

Lissa y yo tuvimos inicialmente una relación de larga distancia bastante complicada. Habíamos empezado a salir después de conocernos en Virginia en una asamblea de ventas al por menor de Circuit City. Yo vivía en Syracuse, Nueva York; Lissa vivía en Richmond, Virginia. Yo era joven, veinticuatro años; Lissa era una «mujer mayor», veintinueve. La diferencia de edad realmente me molestó. No insistimos mucho en nuestra amistad ni nos hablamos por mucho tiempo después de que yo rompí la relación. Pero pronto la reanudamos poco a poco, aunque siempre a larga distancia. Nuestras cuentas de teléfono llegaron a ser exageradamente altas porque por las noches pasábamos horas hablando.

Un fin de semana vino a visitarme mi mejor amigo, Ted McCall. Hablamos de la profunda amistad que Lissa y yo habíamos desarrollado. Le dije a Ted que aunque Lissa me interesaba mucho independientemente de la distancia que nos separaba, yo no pensaba en una relación seria con ella. Mientras hablábamos de esta paradoja, Ted me dijo: «Mira Garth. Déjate de cosas. Tú la amas. Es obvio».

Me volví hacia él, pensando que se estaba burlando. Pero entonces me di cuenta. ¡Él tenía toda la razón! ¿Por qué no lo había visto antes?

De alguna manera encontré las palabras para decirle a Lissa que quería que nos diéramos otra oportunidad. Empezamos de nuevo, aunque con cautela. Todavía vivíamos a 885 kilómetros de distancia. Y como gerente de ventas al por menor tenía que trabajar la mayoría de los fines de semana, luché con la idea de comprometerme, o no, en el crecimiento de nuestra relación.

Unos meses más tarde, me enteré de la potencial apertura en la oficina corporativa de una posición como gerente de producto. La posición implicaba encargarme de la mitad de la comercialización de mi división. Era un puesto muy codiciado. No solo era un trabajo potencialmente soñado por mí, sino que también me llevaría a la ciudad donde vivía Lissa. No habría más facturas de teléfono de trescientos dólares o esperas durante todo el día en un aeropuerto por un vuelo que nunca llegaría. Podría verla a ella, en persona, más que una vez al mes.

Cuando recibí la oferta de trabajo nos regocijamos por la oportunidad que daría a nuestra relación. Me mudé a Richmond a finales de agosto, y le propuse matrimonio a Lissa en octubre. Empezamos a planear una boda sencilla en primavera. A pesar de que por supuesto queríamos la boda, no pensábamos en algo muy costoso. Queríamos ahorrar para el pago inicial de una casa en lugar de gastar dinero en una boda extravagante.

Si teníamos una boda sencilla y una comida al aire libre en el patio trasero para los familiares y amigos cercanos, igual estaríamos casados que si tuviéramos una recepción de diez mil dólares.

Pero la boda sencilla nos eludía. No teníamos un patio trasero todavía. Los padres de Lissa comenzaron a sugerir salas de banquetes y menús por empresas de servicio de comidas.

Cada día que pasaba parecía aumentar el costo y nuestro nivel de estrés.

Unas pocas semanas después de nuestro compromiso, Lissa y yo viajamos a casa de mis padres para Acción de Gracias. Ese día con mi familia solo se puede describir como un evento que tiene que verse. Mi madre declara con orgullo el Día de Acción de Gracias como «¡mi día!». Y firmemente se golpea el pecho con su puño como si se estuviera preparando para una pelea. A menudo llegan veinticinco parientes desde los alrededores del norte de Nueva York. Múltiples generaciones se apretujan en la cocina de cinco por cinco metros. La puerta de la cocina es la única salida al patio y está casi desgastada por los que entran y salen. Cuatro de nosotros nos sentamos alrededor de la mesa de la cocina a jugar a las cartas mientras esquivamos ollas y sartenes. Incluso invitamos a algunos que son familia solo en espíritu, aunque a menudo son lo suficientemente inteligentes como para aparecerse poco antes de que la cena esté servida.

Mientras mi mamá estaba revolviendo y batiendo algo Lissa y yo nos quejábamos de que nuestros planes de boda y los costos potenciales se estaban saliendo de control. Nos preocupaba lo relacionado con el menú preparado por profesionales y los salones de banquetes que se habían sugerido. No esperábamos sugerencias ni consejos. Recibimos ambos.

Dejando la batidora y secándose las manos en el delantal, mi mamá se volvió hacia nosotros.

—¿Por qué no se casan acá? ¿Mañana?.

Me quedé mirándola. ¿Estaría hablando en serio? De inmediato empezaron a ocurrírsenos razones para que tal idea no fuera posible.

—No trajimos la ropa adecuada —dije.

—¡Ni siquiera tenemos los anillos de boda! —Lissa agregó.

—Además, hay que tener una licencia y para obtenerla hay que pedirla con veinticuatro horas de anticipación —remaché.

Negamos con reiterados movimientos de cabeza. Era loable su deseo de ayudarnos a resolver el problema pero su idea no podía funcionar.

Todas nuestras protestas no sirvieron de nada. Mi mamá tomó el teléfono mientras volvía a la batidora y llamó al oficial de la ciudad. «Almeta, ¿pueden mi hijo y su novia obtener una licencia de matrimonio hoy? Oh, ¿acaba de terminar la cena? Estupendo. Steve puede ir a recogerla. Gracias, Almeta».

Y nos fuimos. Mi papá nos llevó a la casa de Almeta Szewczyk. Llenamos los papeles en el pórtico lateral de la casa que servía como su oficina. En cuanto a la licencia, ya podríamos casarnos al día siguiente, si queríamos.

Si quieres ir rápido, ve solo. Si quieres ir lejos, ve acompañado. —Proverbio africano

---

Apenas nos despertamos la mañana del viernes partimos para el centro comercial más cercano, a unos setenta y dos kilómetros de distancia. Elegimos los anillos de boda y preguntamos si nos darían un descuento por «casarnos hoy». El vendedor no quería creernos, pero lo convencimos y obtuvimos el descuento. De ahí nos dirigimos a unos grandes almacenes a buscar algo lo más apropiado posible. En un momento me detuve y le dije a Lissa: «¿¿Realmente necesitamos comprar más ropa? ¿No estaríamos echando por tierra el plan de una boda de bajo costo?». Lissa ya había comprado un vestido en Richmond. Nos miramos, y nos dimos cuenta de que estaríamos igual de casados si usábamos los jerseys y los pantalones vaqueros que estaban en nuestras maletas.

El viaje de regreso a casa de mis padres resultaron los setenta y dos kilómetros más largos que he experimentado. No creo que intercambiáramos más de un par de palabras. Mis manos estaban pegadas al volante. No podía creer que estábamos a punto de protagonizar nuestra propia versión del «rapto de la novia». Todo había sido tan repentino, inesperado y espontáneo.

Mientras estábamos de compras, mi familia se ocupaba de los arreglos. Se pusieron en contacto con un juez de paz, con una floristería, consiguieron sillas, y llamaron a mi mejor amigo, Ted, para que estuviera presente como mi caballero de honor. Incluso montaron un árbol de Navidad como un buen telón de fondo.

Nos casamos por la tarde. Fue una ceremonia sencilla. Había unos pocos miembros de la familia, un amigo o dos, y nosotros. No fue nuestra boda ideal, pero aún estamos tan casados hoy como si lo hubiéramos planeado muchos meses.

Puedes preguntarte cómo pudo mi familia arreglar todo eso en el lapso de unas dieciocho horas. Observa. Mi familia no solo tenía el espíritu colaborador para que eso sucediera, sino que también se adaptó bien para conseguir lo que se necesitaba. Tuvieron una buena comunicación con el secretario del ayuntamiento, con la floristería y con el juez de paz. No fue difícil conseguir las sillas. Porque mi padre, Steve, era el director de la funeraria en mi ciudad natal. ¡Nos casamos en la Funeraria Callaghan!

No creo que haya muchas mujeres que estarían de acuerdo con celebrar su matrimonio en una funeraria. Pero esa es la clase de mujer que es Lissa y es la razón por qué se ha producido entre nosotros tan grande compañerismo y hemos compartido la tarea paternal todos estos años. Ella es una persona sensata y de las que hacen lo que haya que hacer. Y enfrentó esta batalla del cáncer con la misma actitud. Me alegraba tanto que todavía estuviera a mi lado.

Cuando llegó el día de la cirugía, por supuesto Lissa me acompañó. Mientras me trasladaban en una camilla a la sala preoperatoria, alguien echó sobre mí unas frazadas calientes. ¡Qué sensación más cómoda y agradable! Estaba más que preparado para la cirugía. Listo para terminar con esa lucha.

La cirugía se llevó más tiempo del esperado. El tumor se había forjado una importante red de vasos sanguíneos para alimentarse, la cual tenía que ser cortada. Me desperté en el cuarto de recuperación. Me costó unos segundos darme cuenta de dónde estaba. Me sentía caliente. Alguien me aplicó un paño frío en la frente y en el cuello. Una enfermera se acercó y me preguntó si tenía algún dolor. Al parecer, le contesté, según me lo dijo después Lissa: «Solo un dolor en el trasero». ¡Gracias a Dios, todavía estaba bajo los efectos de la anestesia!

Sin embargo, lo más importante es que pronto me di cuenta de que seguía vivo. Espero que esa pesadilla haya terminado. Podría volver a ser esposo, padre, hijo, hermano y trabajador. Quería terminar de ser un paciente.

Lee la bibliografía recomendada.

Opté por tomar un curso de economía europea mientras asistía al Centro de Estudios Graduados de SUNY, Oswego, en Nueva York. No recuerdo por qué. No estaba particularmente interesado en la economía y menos aun en la europea. Sin embargo, allí estaba yo. El curso tenía un montón de lecturas obligatorias, pero la lista de lecturas recomendadas era el doble de extensa. Me esforcé aunque obtuve una C rotunda en el examen de medio trimestre. La mayoría de mis compañeros de clase estaban en una situación similar, pero yo sentí que no estaba poniendo el máximo empeño.

Así es que decidí pasar algún tiempo en la biblioteca y ver los materiales de lectura recomendados. Había una gran cantidad de contenidos que se aplicaban a la clase. Empecé a entender más de la materia. No iba a convertirme en un estudiante con una calificación A en economía europea, pero estaba absolutamente decidido a obtener algo mejor que una C.

Cuando se anunció el examen final, el profesor nos informó que sería de «notas abiertas». Yo había pasado horas en la biblioteca y anotado páginas completas de la lista de lecturas recomendadas.

Habrá muchas cosas que se te pida que hagas. Pero no descuides las cosas que deberías hacer. Estas podrían facilitarte la tarea.

CAPÍTULO 6

Mensajes con sentido

Estaba cortando zanahorias parado ante el mostrador de la cocina cuando sentí un dolor en la espalda, así que halé un taburete para sentarme a descansar un rato. El doctor Bradford había dicho que muchos pacientes podían volver a su trabajo un par de semanas después de la cirugía. No sé quiénes eran esos «muchos» pero, lo que era yo, apenas podía dar pasitos por la casa en bata.

Traté de eliminar los pensamientos negativos, pero los tenía pegados como telarañas. No me había recuperado como esperaba, y la mayor parte del tiempo estaba cansado y con dolor. Me sentía como un fracaso.

El medicamento para el dolor que estaba tomando me hacía dormir de forma espontánea. A menudo me despertaba para continuar una conversación que había comenzado horas antes. Dejé de tomarlo alrededor de una semana después de la cirugía. No necesitaba más confusión en mi vida.

Lissa, Emma, y yo tratamos de volver lentamente a nuestras vidas «normales». Las vacaciones de Navidad habían terminado. Era un nuevo año. Emma regresó a la escuela. Lissa volvió al trabajo, esta vez a tiempo completo. A pesar de lo «exitosa» que había resultado la cirugía, estábamos atemorizados. Sabíamos que las facturas de los gastos médicos comenzarían a acumularse en cualquier momento, por lo que necesitábamos que nuestros ingresos aumentaran. Y aunque no lo dijimos en voz alta, creo que tanto Lissa como yo estábamos pensando que ella necesitaba un trabajo estable en el caso de... sí, en el caso de que algo impensable ocurriera.

Mi vida, definitivamente, no había vuelto a la «normalidad» y la verdad es que anhelaba volver a ella. No capté esto en el momento, pero nunca volvería a ser normal de nuevo. Siempre teníamos que reajustarnos a lo que ahora era normal.

A pesar de la cirugía, todavía temía morir prematuramente. (De cualquier manera, ¿qué es una muerte prematura? ¿Quién lo puede decir?). Por las noches no podía dormir. Me despertaba a causa del dolor o por la intensidad de las pesadillas. Nunca había experimentado pesadillas violentas. A veces la violencia me sobrevenía (delincuentes que entraban a nuestra casa o atacaban a mi familia); en otras ocasiones, la iniciaba yo (golpeando a alguien en la cara o atacándolo sin misericordia). Esos sueños eran enervantes. Aunque me considero una persona ecuánime.

Empecé un nuevo trabajo a mediados de enero como gerente nacional de ventas de Dish Network, por lo que volé a Denver un mes y un día después de la cirugía. Realmente no estaba listo para volver a trabajar. Me rompió el corazón dejar a mi esposa y a mi hija durante una semana. No solo eso, sino que todavía me estaba recuperando y con dolores tanto física como mental, emocional y espiritualmente.

La semana pasó con la suficiente rapidez y volví a casa, agradecido por ver a mi familia. Desde un comienzo supe que ese trabajo me obligaría a viajar a menudo, pero de todos modos se me rompía el corazón cada vez que salía de viaje. A pesar de que la batalla contra el cáncer se había acabado, me dejó marcado en lo profundo. Me aferraba a mi familia, desesperado por estar con los que amaba. Aprendí que, a pesar de una cirugía exitosa, realmente no sabía cuánto tiempo me quedaba. Una vez que estás consciente de tu mortalidad, es difícil olvidarlo.

Cada mañana, siempre era el primero en levantarme. Soy madrugador, alguien que aprecia la oscuridad del amanecer y la tranquilidad que proporciona. Por eso era el que le empacaba el almuerzo a Emma a menudo y siempre tomaba un momento para escribirle sus *notas de amor*.

Después de mi diagnóstico, me sentaba por las mañanas con la mirada fija en las servilletas en blanco. A pesar de que no quería admitirlo, temía que esas notas llegaran a ser lo único que le quedara de mí. Y empecé a verlas como una oportunidad para expresar las lecciones que me habría gustado que tuviera si me hubiese sentado con ella para darle un libro con «pequeñas instrucciones para la vida». Emma acababa de cumplir doce y estaba a punto de convertirse en una adolescente. ¿Qué retos tendría que enfrentar cada día?

Yo sabía cuán difícil podría ser la presión de grupo durante ese tiempo. En efecto, en los últimos años había empezado a decirle una frase cada vez que me despedía de ella, si estaba en la casa y salía a trabajar o en el auto cuando yo era el que la llevaba a la escuela. «Sé tú misma», le decía con una sonrisa.

No sabía por qué esa frase en particular había llegado a ser tan importante para mí. Nunca me había sentido cómodo siendo yo mismo mientras crecía en el pequeño pueblo de Port Leyden, una localidad con unas seiscientas personas, las cuales han llevado una vida muy dura. La gente de Port Leyden usa sus manos para trabajar. Son agricultores y madereros. Allí se valoran el esfuerzo físico y el pragmatismo. Yo, en cambio, era el chico inteligente al que le gusta la ciencia ficción. No encajaba allí.

Cuando estaba en sexto grado tuve algunos profesores que me tomaron bajo sus alas, alentando mis esfuerzos; tanto, que cuando llegué a la escuela secundaria, sobresalí académicamente. Incluso tuve un consejero de orientación, el señor McSweeney, que me consiguió una beca para que pasara un año estudiando en Alemania.

Yo no hablaba alemán. Ninguno de mis padres había salido nunca del país. Pero de alguna manera supe, desde el momento en que mi maestro lo mencionó, que iba a obtener esta beca. Iba a vivir en Alemania.

Y así fue. Pasé un año escolar completo viviendo con una familia hospedadora en las afueras de Göttingen. Fui de vivir en mi pequeño pueblo de seiscientos habitantes en el norte de Nueva York a vivir en una bulliciosa metrópolis donde *todo* era literalmente extranjero.

Eso fue un momento decisivo para mi vida. Cuando fui a Alemania, tuve que ser yo mismo. Nadie me conocía.. Y pensé que todos los niños alemanes eran diferentes. Si ellos me resultaban extraños, entonces también estaba bien que yo fuera. Por fin me sentí como que podía ser yo mismo.

No quería que Emma tuviera que esperar tanto tiempo o viajar a un país extranjero para que se sintiera cómoda en su propia piel. Así que, además de mi mensaje diario —«Sé tú misma»—, mis *notas de amor* incluían ese tema. Quería que confiara en sí misma. Que no le importara lo que otras personas pensaran, sobre todo cuando se trataba de cosas superficiales.

«Confía en ti misma», le escribí. Y añadí: «Sabes cuál es el camino correcto. Te corresponde a ti tomar la decisión correcta».

Miré con orgullo lo que había escrito. Ese era exactamente el tipo de sentimiento que quería expresar. Decirle que confiaba en ella. Que ella tenía todo lo que necesitaba en su interior.

Yo sabía que, según mi agenda de trabajo, tendría que salir de viaje al día siguiente; así que eso significaba otra servilleta. Cuando estoy fuera, le dejo a Lissa una cantidad para que las ponga en la lonchera de Emma. Pensé en lo que Emma podría haber estado sintiendo sobre todo lo que habíamos estado pasando como una familia; así que elegí un proverbio japonés que siempre había significado mucho para mí:

«Si caes siete veces, levántate ocho».

Trabaja como camarera.

Los camareros y las camareras trabajan por las propinas.
Pueden ser los últimos en brindarle servicio al cliente y, prácticamente, el cien por ciento de ellos trabaja en base a comisio-
nes. Su trabajo es bastante ingrato. Es duro, físico, y si van a
recibir paga, tienen que estar en un buen estado de ánimo, ser
amistosos, corteses, saber trabajar en equipo y amables. Estas
son las grandes habilidades de la vida y se aplican en cualquier
trabajo.

Empecé atendiendo a las mesas cuando tenía veinte años.
Tenía muchas ganas de ser barman pero carecía de experiencia.

¿Sabes lo que no requiere gran experiencia? Ser camarero. Es
un trabajo duro. Me contrataron en el acto. Trabajé intensa-
mente ese verano y aprendí mucho acerca de la industria de la
alimentación como de la vida en general.

Ser camarera te ayudará a trabajar en equipo. Aprenderás
muchas de las habilidades laborales básicas que necesitarás
más adelante en la vida. También te hará un mejor comensal.
Conocerás ambos lados de la mesa. Y nunca te quedarás sin
propina.

> El valor de las emociones no está en
> tenerlas, sino en compartirlas. —Simon Sinek

CAPÍTULO 7

La libreta de las *notas de amor*

Tras unas cuantas semanas, me integré a una nueva rutina laboral.

Un día en que estaba trabajando desde casa y me encontraba en la cocina, Emma volvió de la escuela. Dejó caer su pesada mochila y comenzó a escarbar en esta. Su lonchera surgió y se fue al comedor, a unos pasos de distancia. Picado por la curiosidad, me asomé para verla sacar su *nota de amor* de ese día.

No estaba muy seguro de lo que estaba viendo, pero me sorprendió. *¿No le habrá gustado mi nota de hoy?*, pensé, tratando de recordar lo que había escrito. Tal vez solo ha tenido un mal día.

Tomé aire y me acerqué a ella. Le puse una mano en el hombro y ella me miró.

—¿Qué haces, amor? ¿No te gustó la nota?

Arqueó las cejas como confusa, pero se dio cuenta de lo que le estaba preguntando.

—Oh, no, papá —me dijo con una sonrisa—. No es eso. Espera un segundo —y subió corriendo las escaleras hasta su cuarto. Me sorprendió su nivel de energía (ya que por esos días me costaba mucho subir las escaleras). Unos segundos más tarde bajó corriendo con un cuaderno de composición con tapas blancas en la mano. Orgullosa, me lo pasó.

Lo abrí. En su interior estaban mis *notas de amor* cuidadosamente pegadas, en orden. Incluso le escribió la fecha a cada una.

Mis ojos se aguaron. No podía creer que se hubiera dado el tiempo para hacer eso. Ver las notas con mi letra y los mensajes personalizados me hizo comprender lo importante que eran para ella.

Me agaché y le di un gran abrazo.

—Gracias, Emma querida —le dije, tratando de controlar mi emoción—. Veo que son tan importantes para ti que las has guardado.

Me senté en el piso, la atraje a mi regazo y nos pusimos a recorrer las páginas. Mientras repasaba atentamente su colección, vi muchas de las notas que había escrito apurado. Estaba viendo nuestra conexión, mi expresión de amor y mi positividad, todo bien unido entre sí. Y fue entonces cuando me di cuenta. La fecha de la primera servilleta: 6 de enero de 2012.

Ese fue el día después de que ella regresó a la escuela tras mi cirugía.

Mi corazón se detuvo. Sabía que mi enfermedad había afectado a Emma; que había hecho todo lo posible para entender lo que estaba pasando, pero solo tenía doce años.

La apreté contra mí.

—¿Qué te hizo comenzar a guardar estas servilletas? —le pregunté con ternura.

Ella se apartó.

—No sé. Solo quería tenerlas —se puso de pie y se dirigió hacia las escaleras para encontrar a su mamá.

Bueno, tal vez yo estaba imaginándome demasiadas cosas. Simplemente, solo quería guardarlas. No tenía necesidad de ponerme demasiado sentimental al respecto.

Fue mucho después de haber empezado a compartir las notas de la servilleta y nuestra historia que comencé a darme cuenta de que mis instintos eran correctos. Una reportera de nuestro periódico local me vino a ver porque quería escribir algo sobre las *notas de amor*.

Holly, que así se llamaba la reportera, había dado por casualidad con la página que yo había creado en Facebook y pensó que lo que yo hacía justificaba una nota periodística. O tal vez fue su editor. Emma y yo concedimos una entrevista telefónica juntos, en dos extensiones de nuestro teléfono fijo. Cuando estábamos contando la parte de la historia en la que Emma me mostró su cuaderno, Holly planteó la pregunta que yo le hiciera originalmente a Emma. La que ella había contestado con una evasiva.

—¿Por qué decidiste empezar a guardar las notas?

—Bueno —dijo Emma con aplomo—, habíamos enfrentado el primer diagnóstico de cáncer y su primera cirugía. Yo realmente no sabía lo que estaba pasando, pero estaba muy preocupada. Solo sabía que quería tener un pedazo de él conmigo».

En ese momento, me alegré que Emma no estuviera conmigo en la habitación donde yo me encontraba. Porque casi no podía contener las lágrimas. Me rompía el corazón saber que había sentido que me podría perder. Yo había tenido la esperanza de haberla protegido de temores mayores. Pero resultó que ella era muy consciente, y mis *notas de amor* habían sido algo a qué aferrarse con el fin de mantenerme cerca, pese a lo que pasara.

Querida Emma: Si pudiera darte una sola cosa en la vida, te daría la capacidad de verte a ti misma a través de mis ojos. Solo entonces te darías cuenta de lo especial que eres para mí. Te amo. Papá.

Aprende a preparar un cóctel insigne

Ejercí de barman mis dos últimos años de la universidad. No solo desarrollé mis habilidades para servir al cliente, sino que aprendí a mezclar cócteles. Cócteles clásicos. No esas mezclas inservibles de restaurantes locales y a las que ellos llaman cócteles «insignes», sino los tradicionales manhattan, martinis, whiskey sour y sidecar clásicos. Sí, puedes aprender a verter cerveza e identificar algunos vinos, pero preparar cócteles es todo un arte. Siempre es algo que puede ser útil en situaciones sociales.

¿Por qué es esto importante? Preparar un cóctel es más que la simple combinación de un poco de alcohol y un mezclador. Es el inicio de una conversación. Tus manos y tu mente estarán ocupadas, pero aun así puedes darte el tiempo para escuchar. Le estarás dando a un amigo la oportunidad de sentarse y hablar contigo. Es posible que necesites cortar una fruta o conseguir un poco de hielo. Todo eso lleva algún tiempo, durante el cual tú y tu amigo pueden relajarse y disfrutar de la compañía mutua.

El insigne Garth Vodka Gimlet

1. Disuelve una taza (200 gramos) de azúcar en una taza (250 mililitros) de agua.
2. Añade una cantidad igual de jugo de limón al jarabe que acabas de crear.
3. Combina el vodka y el hielo en un vaso de mezclar.
4. Añade el jarabe de limón al gusto. Dará un ligero color a la bebida.
5. Vierte la bebida colando los restos de hielo y disfrutala.

Cinco cosas importantes que recordar:

Usa ingredientes de calidad.
Tómate tu tiempo.
Hazlo lo mejor posible.
Escucha.
Habla.

Segunda ronda

El jonrón de ayer no hará que ganes el juego de hoy.

—Babe Ruth

Aprende como si fueras a vivir siempre.
—Mahatma Gandhi

CAPÍTULO 8

La próstata es como una roseta

No fue sino hasta que tuve a Emma que fui capaz de entender realmente a mi mamá. Ella siempre ha sido lo que podríamos llamar una sofocadora. ¿Conoce usted a Marie, la mamá que aparece en el programa de televisión *Todos quieren a Raymond*? Esa es mi madre (exactamente).

Soy el primogénito, por lo que recibí la mayor parte de sus apremios. Por lo tanto, siempre la he mantenido a raya. No le decía cada pequeño detalle porque siempre quería más. Cuando le hablé acerca de la oportunidad de una beca para pasar un año en Alemania, se echó a llorar simplemente porque era posible que yo me fuera. Ahora que tengo a Emma, puedo entender su reacción. ¿Me gustaría que mi hija de dieciséis años pasara un año sola al otro lado del mundo? ¡Jamás!

Pero la paternidad implica dejar ir y centrarse en lo que mejor ayude en la formación del hijo. Viajar al extranjero es un curso acelerado de crecimiento. Darse cuenta de la importancia de exigirse a sí mismo. Salir de la rutina ¡cómo ayuda realmente a crecer y a cambiar! Ese año en Alemania me transformó para siempre. No solo me permitió, finalmente, sentirme cómodo en mi propia piel, sino que también me abrió los ojos al hecho de que siempre hay dos lados para todo. Alemania era tan diferente a Estados Unidos y, aunque tuve un choque cultural cuando llegué allí, también lo tuve cuando volví a casa. Los automóviles eran más grandes y la gente más ruidosa. Esa experiencia me hizo diplomático. Ahora me siento capaz de ayudar a los demás a ver el otro lado de las cosas.

Mis padres pudieron haber dicho no a pesar de que había recibido una beca completa. Pero no lo hicieron. Eso estaba fuera de su normalidad, pero confiaban en mí. Ellos no querían retenerme. Sabían que era algo que necesitaba. Aquello me infundió una confianza en mí mismo que llevo conmigo hasta este día.

Yo sabía que sería difícil para mi mamá apoyarme en esta lucha con el cáncer. Todavía estaba sufriendo por la ausencia de su marido. ¿Y ahora su hijo estaba batallando con el cáncer? «Los Callaghan están realmente teniendo un mal año», dijo uno de sus vecinos. Eso era un eufemismo.

Mi madre y yo habíamos llegado a una relación de mutua responsabilidad. Ella estaba preocupada por mí y por cómo me estaba recuperando. Al fin, me permití aceptar su inquietud. Me preocupaba ella, a kilómetros de distancia, llorando la pérdida de su marido por cuarenta años y viviendo sola en una casa enorme. La llamaba todos los días, no para hablar sino para asegurarme de que no se hubiese caído o que la casa no había explotado. Sufría por no poder encargarme de ella desde tan lejos. Y porque gran parte de mi energía estaba enfocada en mi salud.

Como sabe cualquiera que haya sido diagnosticado con cáncer, incluso una vez que lo haya «derrotado», siempre teme que vuelva a aparecer. Mi nueva normalidad incluía una rutina de exámenes adicionales y visitas al médico. Tendría que someterme a una tomografía computarizada cada seis meses para descartar cualquier nuevo foco canceroso en el riñón. Se me refirió a un nefrólogo, cuyo trabajo era mantener mi otro riñón saludable. Mi nefrólogo y mis urólogos parecían estar en alerta constante.

En mayo, me correspondía mi primer chequeo de seis meses. El doctor Bradford, mi urólogo, comentó que mi PSA (antígeno prostático específico, por sus siglas en inglés) estaba un poco alto. En realidad, para un hombre de unos cuarenta años, estaba lo suficientemente alto como para preocuparse. Además, mis tomografías mostraron una próstata ligeramente agrandada. Siempre me había preguntado cómo hacían la medición. No sabíamos qué tamaño tenía antes de la exploración, por lo que tampoco sabíamos qué significaba «ligeramente agrandada».

El doctor Bradford no quería alarmarme demasiado. Así que sugirió que podría tratarse de una infección y prescribió un tratamiento con antibióticos. Ninguno de mis números mejoró. Su siguiente sugerencia fue una biopsia de próstata.

Yo tenía dudas acerca de someterme a cualquier tipo de biopsia. Mi padre acababa de morir después de una biopsia innecesaria en sus pulmones. Yo no había tenido una durante mi diagnóstico previo y el procedimiento parecía bastante invasivo. Pero sabía que era la mejor vía a seguir. Esperábamos que todo resultara claro, de modo que pudiera seguir mi camino feliz por otros seis meses. Entonces empezaría mi próximo ciclo de búsqueda del cáncer. En cualquier caso, esa búsqueda era mucho mejor que vivir con el cáncer.

El día de la biopsia, Lissa me llevó a la consulta del médico, puesto que yo no podría conducir de regreso a casa. Nos sentamos juntos en la sala de espera, hojeando revistas, conversando un poco. Parecía que estábamos en casa.

Cuando llegó la hora para el procedimiento, y mientras esperaba que las cosas comenzaran, charlé con Kaky, la enfermera. Resultó que era vecina de un colega mío. Era extraño tener una conversación informal en un entorno en el que yo esperaba ser violado por esa biopsia.

No pasó mucho tiempo y ya estábamos camino a casa. No puedo decir que fue un proceso fácil. Una vez más, me sentí como si los médicos estuvieran minimizando lo que sería cada procedimiento similar. ¿Era yo solo un pelele o ellos minimizaban el proceso?, porque de lo contrario ningún hombre en su sano juicio se sometería a eso.

No fue sino hasta un año después, cuando una compañera de trabajo sacó de su escritorio una grapadora roja marca Swingline que me di cuenta de que esa herramienta de escritorio tan mundana ofrecía la mejor manera de describir ese procedimiento.

Cómo hacer una biopsia de próstata

Después de que el paciente esté en posición, aplique un poco de lubricante y hágalo hablar.

Primer paso: Tome una grapadora Swingline y ábrala.

Segundo paso: Introduzca la grapadora en el recto del paciente.

(Para dirigir la exploración, la grapadora posee un dispositivo de ultrasonido).

Tercer paso: Pegue una grapa en la pared del recto cerca de la zona de la próstata. Esta primera grapa contendrá el anestésico local.

El sonido hará que el paciente salte fuera de la mesa. Póngale una mano en la cadera y no deje que salga corriendo.

Cuarto paso: Continúe usando la grapadora hasta que tenga doce muestras de próstata.

Además de lo difícil del procedimiento, cuando la enfermera Kaky revisó las instrucciones para mi postoperatorio, me dijo que sería normal ver algo de sangre en la orina durante un par de días. (*¿No he pasado por eso antes?*, pensé). También el semen será de un color rosado por alrededor de un mes, «a menos que usted sea como los conejos con el sexo».

Está bien. Gracias.

Cuando llegues al final de tu cuerda, hazle un nudo y aguanta. —Proverbio americano

---

Una vez más tuvimos que esperar varios días para recibir los resultados solo para descubrir que los datos eran decididamente poco concluyentes. La mayoría de mis muestras resultaron buenas, pero había algunas células ASAP («proliferación microacinar atípica»), por sus siglas en inglés; acrónimo que el autor relaciona con la frase inglesa ASAP (*as soon as possible*, que se traduce como «lo más pronto que puedas»), para expresar su agrado con tantas y tan seguidas biopsias]. Estas células no eran cancerosas; sin embargo, los resultados garantizaban otra biopsia. ¡Bravo!

Esperé tres meses para recuperarme y volví a ese procedimiento, una vez más ahora con dos excepciones. El doctor Bradford sacó veinte muestras, y yo insistí en algún tipo de sedante.

Estábamos en agosto, al final del verano. A pesar de la incertidumbre acerca de mi salud, habíamos hecho todo lo posible para disfrutar de unas vacaciones con la familia, por lo que pasamos un sinnúmero de horas en la piscina. Tratábamos de fingir que todo era normal. Esperábamos que las cosas pudieran seguir así en forma indefinida.

Una vez más nos instalamos en la oficina del doctor Bradford, un lugar que se estaba convirtiendo incómodamente familiar. Una de las enfermeras me dio un cuestionario para rellenar. El cuestionario tenía múltiples preguntas sobre mi salud urológica y sexual. ¿Por qué tienen que hacerme responder este cuestionario? Yo sabía que tenía cáncer. Y no estaba seguro de lo malo que era. Me pregunté si Lissa pensaba lo mismo que yo mientras me observaba escribiendo las respuestas en el formulario.

Entró el doctor. Abrió mi expediente.

La noticia no era *tan* mala. (¡Oh, cómo se reajusta nuestro medidor de buenas y malas noticias durante la lucha contra el cáncer!). La mayoría de las muestras estaban claras. Una tenía células cancerosas. Parecían ser de crecimiento lento y, puesto que habíamos tomado treinta y dos muestras entre las dos biopsias, era probable que hubiera una parte muy pequeña de cáncer.

—¿Significa eso que el cáncer se ha extendido? —pregunté, bastante confundido. Quería entender exactamente a lo que nos enfrentábamos.

El doctor Bradford negó con la cabeza. El área de las células atípicas estaba demasiado lejos del riñón. Este era un cáncer de próstata.

¡Mis ojos se abrieron como un plato! ¡Tenía un nuevo cáncer! En cuanto al primero, no había habido propagación. Este de la próstata era totalmente nuevo. ¿Qué demonios estaba pasando conmigo?

El doctor Bradford me entregó una pila de papeles.

—Sé que usted querrá leer —me dijo—, así que aquí hay unos buenos recursos para empezar.

Había allí una serie de opciones de tratamiento que se podrían seguir. Tendríamos que fijar citas con los nuevos médicos para la evaluación.

Agarré los papeles con fuerza mientras Lissa y yo, en silencio, nos dirigimos al automóvil. Con el fin de recibir las noticias con una actitud proactiva y una sonrisa, yo había tratado de poner buena cara en el consultorio del médico. De forma que él supiera que estaba listo para luchar de nuevo.

Ya en la camioneta, me senté en el asiento del pasajero; Lissa no podía decidirse a poner la llave en el contacto. Una lágrima rodó por mi mejilla derecha.

Lissa me agarró la mano. Negué con la cabeza. Ni siquiera podía mirarla.

—Lo siento, Lissa, pero no estaba preparado para esto. Estoy muy decepcionado.

Sentí cómo me apretaba la mano. Yo sabía que eso estaba destrozando su corazón también.

No había otra manera de decirlo. Era hora de volver a la batalla. Pero no me sentía como un guerrero. No estaba listo para volver a la pelea. No me había recuperado de la lucha anterior.

¿Cómo le iba a decir eso a Emma?

Esa noche me senté a conversar con ella. El ambiente estaba tranquilo y nuestro día llegaba inexorablemente a su fin. De alguna manera le expliqué que tenía cáncer de nuevo. Al hacerlo, tuve que referirme a la próstata, algo que no estaba ansioso de discutir con mi hija de trece años. Estaba nervioso y agobiado. Le dije que tenía cáncer de nuevo. Debí haber iniciado la conversación diciéndole: «Estoy bien; no hay peligro inmediato».

Emma es una chica inteligente. Escuchó la palabra «cáncer» e inmediatamente brincó. Comenzó a llorar y se abrazó a mí con fuerza. Me di cuenta de que aún estaba aprendiendo a hablar con ella sobre cáncer.

Traté de explicarle que en realidad no era mucho el cáncer de ahora. La próstata es aproximadamente del tamaño de una nuez y solo una pequeña proporción de células eran las problemáticas. Traté de describirle el proceso de la biopsia y lo que habíamos descubierto. «La próstata», le dije, «es como un gran tazón de rosetas o palomitas de maíz. Estas representan las células prostáticas normales y saludables. Parece que encontraron unos cuantos granos de chocolate en el tazón. Cuando realizaron la primera biopsia, no había chocolate solo rosetas, pero seguramente había algunos de esos simpáticos chocolatines en algún lugar del tazón. En la segunda biopsia, en realidad encontraron un chocolatito, entonces supieron con lo que estaban tratando. Pero, en serio... lo que más había eran palomitas de maíz. Muy pocos chocolates.

No era una analogía perfecta. Temí haberla confundido más que aclararle las cosas.

Insistí en que el médico estaba bastante seguro de que no había peligro inmediato y que muchos hombres desarrollan algún tipo de cáncer de próstata a medida que envejecen. Le expliqué que había varios tipos de tratamiento que estudiaríamos. Le aseguré que haría todo lo posible por dar la batalla y ganarla. Nos abrazamos.

Al final, me miró y me dijo: «Vas a vencer de nuevo».

No podría haber estado más de acuerdo.

No comas helado a menos que sea tu sabor favorito.

Sé que esto te es difícil de aceptar. Te encantan los postres. Especialmente el helado. A mí también me encanta. Te entiendo. Es muy suave, frío y te alimenta el alma. Lo entiendo. Una copa de nuestro helado preferido tiene, probablemente, alrededor de quinientas calorías. Incluso si fueran solo cuatrocientas calorías, es un montón de porquería que estamos poniendo en nuestros cuerpos. Tú me conoces. ¿Con qué frecuencia las llevo a ti y a mamá a la heladería y salgo sin nada? La mayoría de las veces. Solo voy a comer mis sabores favoritos. No voy a derrochar mis calorías en un sabor que no me guste. Me tiene que encantar.

Arriesga algo o te quedarás sentado para siempre acariciando tus sueños. —Herb Brooks

CAPÍTULO 9

Listos. ¡Fuego! Apunten

Me quedé mirando la frase que acababa de escribir en lápiz negro en la servilleta de Emma. Era el primer día de la escuela y mi práctica estaba reanudándose. De vez en cuando durante el verano, había tenido la oportunidad de escribirle servilletas. Había aprovechado cada oportunidad para hacerlo. A veces ella asistía a campamentos de verano y entonces llevaba su almuerzo. Si iba a una práctica de sóftbol, adhería una a su botella de agua o se la ponía en la mochila. Pero nunca era igual a lo que solía ponerle todos los días en el periodo de clases.

Emma estaba a punto de empezar el séptimo grado. Estaba creciendo rapidísimo. Pero, aunque pensé que la nota que le escribí esa mañana la beneficiaría a ella, realmente la había escrito para mí. No sentirse listo para la batalla era un sentimiento al que no me podía acostumbrar. Siempre he sido una persona que no duda en entrar en acción. Tanto si se trataba de conquistar a Lissa, como de buscar una mejor oportunidad de empleo o de asegurarme que mi hija tuviera la mejor educación y el almuerzo más saludable. Soy un hombre de acción. Por eso, se me conoce por cambiar el orden de la frase, «Listos. Apunten. ¡Fuego!», debido a que creo que a veces pasamos demasiado tiempo apuntando. Asegurándonos de que todo esté perfectamente alineado cuando lo que realmente tenemos que hacer es disparar.

He vivido siempre receptivo a las oportunidades y siempre buscando una nueva puerta para transponerla. A menudo digo sí a algo que *no* tengo necesidad de afirmar. Pero si siempre estás diciendo no, vas a estar expuesto a perder oportunidades. Algunas de las mejores cosas que me han pasado no se han previsto, sino que, simplemente, han ocurrido porque he estado dispuesto a decir sí.

Con mi batalla contra el cáncer ocurrió lo mismo. Todos mis médicos sabían que quería seguir el tratamiento más agresivo. Y quería que ellos se mantuvieran atentos a la próxima cosa que pudiera funcionar. Si había una pizca de pasividad en un médico, buscaría a otro. Necesitaba a un guerrero, alguien que me liderara en la batalla, que me inspirara para asumir mi parte de responsabilidad.

Muy pocas veces en mi vida me he arrepentido de ser así. Solo recuerdo una.

Siempre les hablo a mis empleados del valor de someterse a las entrevistas todo el tiempo, incluso si son felices en los trabajos que desempeñan. La entrevista es una habilidad aprendida. La única manera de que mejore su rendimiento es entrevistándose. La entrevista es prácticamente ineludible cuando se solicita un trabajo. O al menos responde a intereses que pueden venir de camino. Cada vez que un reclutador se me acercaba para preguntarme si estaba buscando un nuevo trabajo, le decía; «No. Pero estoy abierto a la posibilidad». En otras palabras, considero las oportunidades que se me presentan.

Poco después del nacimiento de Emma, empecé a escuchar otras oportunidades de trabajo. Por dicha, había una posición abierta en la compañía Staples, que está localizada en los suburbios de Boston. Yo siempre había querido volver a esa área. Amaba a Lissa y nuestra vida en Richmond, pero estaba lejos de mi familia y, además, nunca pensamos en establecernos definitivamente allí. No estaba seguro qué le parecería a Lissa desarraigar a nuestra familia para mudarnos a Nueva Inglaterra, pero de todos modos, estaba en proceso de someterme a una entrevista. Podríamos enfrentar la decisión si la oferta de trabajo prosperaba.

Se programó una entrevista, vía telefónica, para el domingo por la tarde con el director de recursos humanos. Resultó una entrevista fantástica que duró más de hora y media. Hablamos largo y tendido sobre las prácticas de venta al por menor, desafíos que tanto Circuit City como Staples enfrentaban en el mercado, el ambiente de trabajo en la compañía e incluso nos dimos tiempo para hablar de nuestras motivaciones personales. Me encantó su estilo.

No me sorprendió recibir al día siguiente una llamada del departamento de recursos humanos para preguntarme si podría ir para algunas entrevistas adicionales. Estaban tratando de reservarme cupo en un vuelo para el miércoles. Sería algo rápido. Tendría que volar por la mañana, reunirme con la gente del equipo comercial, almorzar con el director de recursos humanos, completar algunas entrevistas más, y luego volar de regreso a Richmond. Yo estaba emocionado.

Avisé en el trabajo que el miércoles no iría a la oficina. Mis compañeros siempre hacían chistes cada vez que alguno de nosotros se aparecía en el trabajo vistiendo traje completo. La suposición era que había ido a una entrevista en otra parte. No sucedía a menudo, pero había visto lo suficiente como para saber que un traje completo podía despertar sospechas. Y estaba un poco nervioso en cuanto a tomar el día libre tan de repente, pero al menos estaría en una ciudad diferente y mis compañeros de trabajo estarían en Richmond.

Mientras desarrollaba mi trabajo esos dos días antes del miércoles, me di cuenta de que había una actividad inusual de alto nivel protagonizada por un par de integrantes de mi equipo. Blaine era mi jefe, y él junto con Danny Bird, mi compañero de trabajo, corrían como locos. Por curiosidad, pregunté qué estaba ocurriendo. «Oh, salen mañana para Boston. Van a una reunión de última hora con Road Runner», me respondieron.

¡Vaya coincidencia! Esto sin duda podría estropear mis planes de viaje. El aeropuerto de Richmond no es muy grande. Había solo unos cuantos vuelos desde y hacia Boston. Estaba seguro que me encontraría con ellos.

Necesitaba conocer los detalles de su viaje. Así que decidí ir directamente a Danny y preguntarle sus planes. Cuando me dijo que volaría a Boston el día siguiente, tímidamente le dije que yo también tenía un viaje a esa ciudad y que me preocupaba toparme con Blaine. Comparamos los itinerarios. Por dicha, nuestros vuelos salían con una diferencia de veinte minutos y las puertas de embarque estaban lo suficientemente separadas como para no encontrarnos en el proceso de subir al avión.

Sin embargo, teníamos el mismo vuelo de regreso el miércoles por la tarde. Parecía que la entrevista iba a ser un desastre. De repente empecé a ponerme nervioso.

El miércoles me desperté temprano y me dirigí al aeropuerto. Y aunque no vi a Blaine ni a Danny, tampoco vi señales de mi vuelo. Estaba retrasado... y retrasado... y retrasado. Llamé a Staples para informarles que mi vuelo estaba retrasado y ajustaron mi plan de entrevistas. Cuando por fin llegué a Boston, un vehículo me estaba esperando; así que salimos de inmediato para Framingham. Era muy tarde, por lo que perdí las entrevistas de la mañana planeadas para mí. Me llevaron a la cafetería y pude comer algo. Ya estaba listo para comenzar.

Mientras me dirigía a mi primera entrevista, le expliqué mi situación al representante de recursos humanos que me acompañaba, que de regreso a Richmond iba a estar en el mismo vuelo con mi jefe, lo que quería evitar a toda costa. Se sonrió y me aseguró que Staples haría todo lo posible y los arreglos necesarios para conseguir que volviera al aeropuerto para tomar un vuelo antes de lo planeado originalmente.

Las entrevistas personales fueron incluso mejores que las realizadas por teléfono. Estaba seguro de que quería ese trabajo. Solo tendría que convencer a Lissa de que sería un buen cambio para nosotros. Ella siempre había querido visitarme en Boston, pero nunca había vivido un invierno de Nueva Inglaterra. Eso podría ser nuestro mayor reto.

Una vez que las entrevistas se completaron, corrí de vuelta al aeropuerto. Staples había reservado mi vuelo y estaba todo listo para salir. Mis esperanzas se vinieron al suelo cuando entré a la terminal. Todos los vuelos en la región del Atlántico medio estaban retrasados. ¿Qué estaba pasando? Había tormentas masivas desde la ciudad de Nueva York hasta Virginia. Todos los vuelos estaban retrasados y, peor aún, el mío ¡había sido cancelado! Sí, adivinaste. Fui reubicado automáticamente en mi vuelo original, lo que significaba que estaría en el mismo avión con Blaine y Danny. ¡No lo podía creer! «Date por despedido», me dije y me quedé pensando.

Caminé por la terminal durante unos minutos sin saber qué hacer. ¿Qué iría a pensar mi jefe si se encontraba conmigo en el aeropuerto de Boston? ¡No podía permitirme el lujo de ser despedido! ¡Tenía una bebé en casa! Estaba empezando a preguntarme por qué había solicitado ese nuevo trabajo. ¿No era bueno el que tenía? ¿Por qué tenía que estar siempre en busca de algo mejor? ¿Por qué tuve que decir que sí a esto? Estaba cayendo rápidamente en un frenesí.

Decidí llamar a Lissa. Me disculpé con ella por ponernos en esta situación loca y le pedí que me dijera qué debía hacer. Mientras la escuchaba tratando de calmarme, diciéndome que no me preocupara, que todo iba a salir bien, Blaine y Danny pasaron justo frente a mí. Mi corazón se detuvo. Pero no se dieron cuenta de mi presencia. Me alegré de haber estado vestido como cualquier otro hombre de negocios. Pero sabía que esa suerte no me duraría mucho, pues tan pronto como llegara a la puerta de embarque, me verían.

De repente, supe lo que tenía que hacer. Le colgué el teléfono a Lissa, salí en busca de transporte y me dirigí a la ciudad. Entré en una tienda de Champs Sports y en un par de minutos compré unos shorts, zapatillas de deporte, una gorra de béisbol y una camiseta de los *Patriots*. Metí mi traje en la bolsa de compras y regresé; compré un ejemplar del *The Boston Globe* y ya. El periódico era de gran tamaño, excelente para ocultarme de las miradas indiscretas. Por lo menos estaba vestido con ropa de calle y, si me atrapaban, podría explicar que estaba en Boston por razones personales.

Mientras estaba sentado fingiendo leer mi *Boston Globe*, mi mente seguía trabajando. Decidí que necesitaba ayuda; así que me acerqué al mostrador de registro de la línea aérea y les conté mi historia a los dos chicos que estaban allí. Su primera reacción fue reírse. Uno de ellos dijo: «Y apuesto a que dio parte de enfermo para poder viajar, ¿verdad? Si lo descubren, está despedido». Aunque para ellos la situación era divertida, para mí estaba lejos de serlo.

Dejaron de reír y uno preguntó: «¿Por qué nos está contando esto a nosotros?». Les expliqué que necesitaba ayuda para salir de esa situación complicada en la que me encontraba. Entonces les expuse mi plan: «¿No podrían hacerme pasar por un pasajero que necesita asistencia especial al momento del embarque? Eso me permitiría ser el primero en abordar y entonces podría ir a sentarme en el último asiento del avión. Allí, nadie se fijaría en mí. Y al tiempo de desembarcar, yo sería el último en salir; así podría escabullirme y llegar a casa sin ser visto».

No les pareció mala la idea y se mostraron dispuestos a ayudarme. Uno me dijo que iba a abrir la puerta del pasillo de embarque antes que se empezara a llamar a los pasajeros que necesitaban asistencia especial, que me haría una seña con la mano para que entrara primero. ¡Al fin, me sentí a salvo!

Me senté de nuevo y empezó la espera. Los dos chicos en el mostrador, que ya parecían amigos míos, me miraban de vez en cuando y se reían. En un momento vi que me llamaban; me puse de pie con cautela y miré a todos lados. No vi a Blaine ni a Danny por ninguna parte. Me dirigí al mostrador.

«Está bien, señor Callaghan», dijo uno de ellos. «¿Qué le parece esta variante a su plan? En lugar de ser el primero en subir al avión y el último en abandonarlo, ¿por qué mejor no ser el último en subir y el primero en bajar?». Yo no entendía nada de lo que me estaban diciendo hasta que pusieron en mi mano un tiquete de primera clase. Ahora entendí. Sería el último y el primero. Me dieron el asiento 1B. Cuando subiera al avión, ya Blaine y Danny estarían en sus asientos. Una vez que aterrizáramos, yo saldría rápido y muy delante de ellos. ¡Qué gran regalo!

Estaba comenzando mi tercera hora en el aeropuerto. Me leí cada artículo del periódico pero no veía a Blaine ni a Danny. Probablemente andaban comprando algo de comida. Mis dos amigos en el mostrador de la línea aérea me miraban de vez en cuando y se reían. Uno de ellos me hizo una señal con la mano otra vez para que me acercara. Pensé: *¿Qué habrá pasado ahora?*

Me dijeron que los vuelos seguían bastante atrasados y que algunos habían sido cancelados. Pensé que indirectamente me estaban diciendo que no podría volver a casa. Pero no. En vez de eso, me preguntaron por el nombre de mi jefe. Empecé a explicarles que Blaine era en realidad el jefe de mi jefe, pero me di cuenta de que a ellos no les interesaba ese tipo de detalles. «Blaine Altaffer es el nombre de mi jefe». Uno de ellos empezó a teclear en su computadora. El otro se quedó mirándolo y le preguntó: «¿Qué estás haciendo?». Él respondió que el mal tiempo seguía afectando los vuelos y que el señor Altaffer estaba a punto de desaparecer de mi vista. ¡Eso era increíble! No podía creerlo. Esos muchachos no solo me habían ayudado dándome un asiento en primera clase, sino que también habían mandado a Blaine en otro vuelo para ayudarme a salir bien de todo eso. ¡Vaya día!

Llegué a casa seguro, sin ser descubierto.

Transforma las piedras de tropiezo
en escalones. —Desconocido

Sonrío al recordar ese momento ridículo, cuando tuve miedo de que se me complicara todo al punto de llegar a perder mi empleo. En tal situación no sentía que mi personalidad —«todopoderosa», «capaz de hacer que las cosas funcionen» o «de individuo persistente»— fuese una ventaja; más bien parecía un lastre. Pero todo salió bien. Las cosas siempre salen bien.

---

* Posdata: Resulta que Blaine se impacientó y ya estaba en un vuelo a Norfolk. Debe de haber planeado conducir a Richmond desde ese aeropuerto. Pocos días después, recibí formalmente la oferta laboral de Staples. A pesar de que me encontraba muy entusiasmado con ese nuevo trabajo, no lo acepté. Sentí que no era el momento para mover a mi familia de Richmond. Hasta donde sé, Blaine nunca supo de mi viaje. Y, en cuanto a mí, siempre mantuve algo de temor respecto a decírselo. Quizás no le vería el lado humorístico a lo que había ocurrido. Hasta hoy, todavía tengo la camiseta de los *Patriots*. La considero mi primera camiseta «de suerte».

¿Por qué no recordé eso cuando me tuve que enfrentar al cáncer? ¿Recordar lo bendecida que ha sido mi vida? ¿Tener fe en que había un camino por delante, un tratamiento al que echar mano?

Algunos días después me dirigí a otra visita al doctor. Por desdicha, pronto descubrí que en esa batalla contra el cáncer no sería tan clara la mejor forma de «atacarlo».

Lección # 31:

No uses drogas.

Esto no es una opción. Hay suficientes sustancias legales (no incluyendo el aire, el agua y los alimentos) que puedes poner en tu cuerpo para alterar tu percepción de la realidad; no tienes que probar cosas que son ilegales. No es solo por seguridad. La mayor parte de ellas no te van a matar. Lo admito. Sin embargo, no hay ninguna razón de peso para que una chica inteligente, serena, agraciada e impresionante como tú necesite usar drogas. En definitiva, no te van a hacer más imponente. No debes usarlas, ni hacer que otros las usen.

Tu vida, en última instancia, será determinada por las decisiones que tomes. Decide sabiamente. En verdad, no tengo una historia que poner aquí. Esto es simplemente un consejo de padre.

No pidas una vida fácil, pide fuerzas para enfrentar una vida difícil. —Bruce Lee

CAPÍTULO 10

Vigilancia activa

Me topé con esta cita unas semanas después de mi diagnóstico de próstata y la guardé para usarla como una de las notas para Emma. Esta mañana supe que era apropiada para todos nosotros. Obviamente, estábamos viviendo tiempos difíciles y necesitábamos las fuerzas y la perspectiva apropiada para saber cómo afrontar esta etapa con gracia y dignidad, de modo que nuestra familia resultara intacta.

Ya era hora de establecer un plan. A mediados de septiembre, a unas semanas después de mi diagnóstico inicial, volví al hospital para reunirme con los especialistas. El doctor Bradford nos explicó que había cinco tipos de terapia a considerar.

De inmediato descartamos la primera opción, terapia con hormonas, debido a que yo era muy joven para ese tipo de tratamiento.

Me reuní con una oncóloga especializada en radiación para dialogar sobre las dos opciones de radiación y mi historial de salud en detalle. Ella se preocupó cuando supo que se me había diagnosticado con cáncer de riñón y cáncer de próstata a una edad tan temprana (*Ya somos dos*, pensé). Me preguntó por mi familia y por cualquier factor de riesgo que yo supiera. Le describí mi entorno de crecimiento e incluso admití haber roto un termómetro cuando era niño para jugar con el mercurio. Eso se descartó como un factor de riesgo. (Lo siento, mamá, pero no recuerdo habértelo dicho). Tomó nota del tiempo que viví en Alemania como estudiante de intercambio. El 26 de abril de 1986, el reactor nuclear de Chernobyl se fundió y liberó una cantidad significativa de radiación. En ese tiempo yo estaba viviendo en Alemania y recuerdo que todo el mundo se preocupó por las frutas y las verduras que comíamos. Poco después de ese desastre, me encontré atrapado en una tormenta, y mi familia de acogida prácticamente me desnudó y me metió en la ducha. La doctora tomó nota de ese detalle pero no sabía si había algo que se pudiera hacer.

Cuando estábamos terminando, decidí preguntarle con franqueza. Mirándola directamente a los ojos, le pregunté: «¿Hay algo mal conmigo?». La oncóloga cerró mi archivo y suspiró: «Sí, lo más probable es que sí haya». No podía decir qué, pero había claramente algo que me estaba haciendo predispuesto a esos dos tipos de cáncer. Me animó a ser proactivo y a estar atento a cualquier síntoma proveniente de la vejiga y la zona testicular. Prácticamente me rogó que optara por someterme a una cirugía tan pronto como fuera posible.

La cirugía era la cuarta opción. Podría tener una prostatectomía (extracción de la próstata). La esperanza con ese procedimiento era que se extraerían todas las células cancerosas, así como también las sanas. La glándula completa sería eliminada.

Esa fue la opción más viable. Pero mientras insistía en hacer preguntas que para mí eran sumamente importantes, me di cuenta de que se estaban pasando por alto los vastos y altamente impactantes efectos secundarios. Descubrí que hay un montón de cosas de las que los médicos no hablan y que para los hombres son *muy* angustiantes.

A continuación tenemos algunos de los efectos secundarios a los que se expone un hombre que decide someterse a una prostatectomía:

- *daño en los nervios, lo que lleva a una incapacidad para experimentar erecciones*
- *incontinencia*
- *cambios en el orgasmo, incluyendo la falta de eyaculación (La próstata produce el semen)*
- *encogimiento (Sí, has leído bien: ¡encogimiento! Durante la extirpación de la próstata se corta la uretra y luego se vuelve a unir. Algunos hombres afirman haber sido impactados de una manera muy negativa).*

¡Ah! ¿En serio? ¿Se suponía que tendría que firmar por todo eso a mis cuarenta y tres años de edad?

La edad promedio en que se diagnóstica el mal de próstata es sesenta y nueve años. Cuando se está casi en los setenta, vérselas con estos efectos secundarios puede ser lamentable pero probablemente valga la pena, pues se han reducido las posibilidades de que el cáncer se propague. Es posible que, a causa de la edad, cualquier hombre experimente muchos de esos efectos secundarios sin que haya habido prostatectomía. Sin embargo, ese no era mi caso. Obviamente, yo quería librarme de ese cáncer; pero, ¿firmar para el resto de mi vida sin sexo? No estaba listo para eso.

El doctor Bradford presentó una última opción: la vigilancia activa. Él creía que en Estados Unidos posiblemente se exageraba el tratamiento del cáncer de próstata y, sobre todo en mi caso, se podría optar por una «vigilancia activa». Nos mantendríamos observando los niveles del antígeno prostático (PSA) cada dos meses con una biopsia de seguimiento anual. En teoría, podríamos continuar en ese camino de forma indefinida hasta ver, mediante una biopsia, un aumento en los niveles de PSA o un resultado favorable. Aunque no me era del todo aceptable pensar en una biopsia de próstata cada año, esa opción me pareció aceptable.

La pregunta era: ¿cómo podría vivir cada día sabiendo que dentro de mí había un cáncer? ¿Podría arriesgarme a eso? ¿Cómo afectaría mi bienestar mental, emocional y espiritual? ¿Y si de pronto comenzara a crecer fuera de control y nos sorprendiera sin poder actuar a tiempo? ¿Podría alguna vez perdonarme por no haber sido más agresivo, haciendo todo lo posible para asegurarme de que no dejaría sola a Emma? Un año atrás me había sometido a una cirugía mayor para extirpar un cáncer de mi cuerpo. Parecía un error dejar «vivo a este otro». Sería como abandonar el campo de batalla.

Lissa y yo tuvimos tiempo para considerar las opciones. Sabíamos que estábamos decidiendo entre la cirugía y la observación. La cirugía tenía algunos efectos secundarios potenciales que yo, como hombre de cuarenta y tres, no estaba dispuesto a asumir. Había pasado el tiempo para tener más hijos. Pero, de todos modos, no quería correr el riesgo de perder algunos, si no todos, los aspectos del sexo. Este aspecto de mi vida no era negociable.

Muy a mi pesar, nos decidimos por la vigilancia activa. Estaría viviendo mi cotidianidad sabiendo que dentro de mi cuerpo habitaba un cáncer. Sabía que estaba allí, como una bomba de tiempo que estallaría en cualquier momento quitándome la vida. Había atacado el cáncer de riñón con todas las armas que se me pusieron a la mano y respecto del cáncer de próstata, me sentía como si estuviera agitando la bandera blanca en el campo de batalla.

El cáncer no estaba ganando, pero en el mejor de los casos, se trataba de un empate.

Deja descansar el teléfono.

Lo sé. Tu teléfono es tu nueva herramienta. Es una cosa. Sí, te conecta con tus amigos y con tus seres queridos. Es algo. Pero no necesitas estar conectada todo el día. Tómate un descanso. Sé tú misma. Aparta tiempo para reflexionar a solas.

Cuando estés con otra persona, no te distraigas. Presta atención. Escucha. ¡Dale descanso a tu teléfono! Si puedes ir al cine por un par de horas, y metes tu teléfono en la cartera, puedes brindarle la misma cortesía a tu familia durante la cena.

Querida Emma: Es bueno que pidas ayuda cuando la necesites. Pídemela a mí. Estoy aquí. Te amo. Papá.

CAPÍTULO 11

Seis palabras que le digo a Emma

Me presentaron a Rachel Macy Stafford, también conocida como «Mamá manos libres», a través de su blog en una entrada titulada «Seis palabras que deberías decir hoy». De inmediato desarrollé un profundo reconocimiento por su estilo de crianza.

Ella había leído un artículo acerca de qué decían los atletas universitarios cuando se les preguntaba qué tipo de aliento y consejos apreciaban más por parte de sus padres, a lo que respondieron: «Me encanta verte jugar». Rachel comenzó a utilizar esa frase con sus hijos y se dio cuenta de que el ánimo de ellos se elevaba de inmediato. No les hacía una crítica ni siquira un comentario constructivo. La frase se centraba solo en la alegría de verlos jugar su deporte o tocar un instrumento.

El blog me conmovió profundamente. Incluso empecé a usar su frase —«Me encanta verte jugar»— cada vez que podía. Emma juega sóftbol. Cuando la observo, sentado en las gradas, jugando con sus compañeras de equipo, me trae más alegría de lo que jamás podría haberme imaginado. Más aun en estos días. Mientras continuaba mi lucha contra el cáncer, ir a verla jugar cobró un profundo significado para mí. No era solo verla, por la alegría que me daba observarla. También era una manera tangible de mostrarle mi apoyo. Mostrarle que siempre, siempre estaré con ella. El tiempo que esté en esta tierra.

Una noche, Emma y una de sus compañeras del equipo de sóftbol fueron a una fiesta de pijamas. Como no era temporada de partidos, las integrantes del equipo no se veían muy a menudo; por eso, Emma y su amiguita quisieron aprovechar la ocasión para cultivar su amistad. Me encantaba muchísimo verlas tan felices. Su equipo está formado por chicas de increíble talento, por lo que son las mejores en la liga. Jugadoras y espectadores se emocionan cuando ellas juegan.

Nos advirtieron que en la casa donde se haría la fiesta había algunos animales. De vez en cuando, a Emma la atacan súbitas alergias. Estuvimos dispuestos a arriesgarnos; sin embargo, cuando a principios de la noche Emma empezó a tener algunas dificultades, decidimos que lo mejor era que volviera a casa.

Salí a las diez de la noche a buscarla. Estaba cansado. Había sido un día largo y, por lo general, me acuesto a esa hora. Para mí, el descanso es importante, pero no tanto como mi hija. Así que conduje unos veinticinco minutos, en la oscuridad, sin el más mínimo asomo de fatiga. Más bien me sentía feliz de hacer ese viaje.

Tras asegurarme que se sentía bien, subió al vehículo de un brinco al tiempo que me decía: «No hubiera aguantado toda la noche. Gracias por venir por mí».

Le eché una mirada intensa a la vez que le respondía: «*Siempre vendré por ti*». Ella asintió con la cabeza y yo volví a decirle: «*Siempre vendré por ti*». Ella pensó que yo creía que no me había oído, y me hizo ver que sí me había oído. Aunque yo sabía que me había oído, necesitaba que me escuchara:

«Siempre vendré por ti».

Tomé su mano por un momento y dejé que pensara en lo que significaba lo que le había dicho y repetido. Lentamente asintió, a medida que iba entendiendo. Sonrió.

A continuación le mencioné una serie de razones por las que podría buscarla: por un neumático desinflado, por una mala cita, por nostalgia o incluso por un amigo que bebiese demasiado y que no podría conducir.

«Siempre vendré por ti. Soy tu papá y siempre estaré donde me necesites. Llámame. No habrá preguntas, al menos hasta que estés en casa sana y salva. Nunca voy a decirte que no».

No fue sino hasta más tarde que me di cuenta de que esa frase también tenía cuatro palabras y que era tan importante como: «Me encanta verte jugar».

Cuando le dije a Emma esas palabras, solo estaba pensando en ella. Solo estaba pensando en lo mucho que la quería y en cuánto desearía estar con ella las veces que me necesitara. Ahora me he dado cuenta de lo mucho que esa declaración se equipara con lo que Dios debe sentir por nosotros.

He sido católico toda mi vida. Crecí en una familia católica irlandesa, lo que significa que la mayoría de las celebraciones giraban en torno a las fiestas y ceremonias religiosas. También a menudo involucraba largos torneos de naipes y bebidas diversas que contenían *whisky* de centeno. Las hojas de puntuación en el juego de naipes se conservaban debido a que el consumo de *whisky* a menudo creaba falsos recuerdos a las partidas jugadas. Nunca desarrollé afición por el *whisky* de centeno pero puedo defenderme bastante bien con el juego de naipes o en una discusión sobre asuntos religiosos.

Port Leyden era una localidad pequeña, pero teníamos cinco iglesias. La mayoría de la gente del pueblo asistía a alguno de los servicios dominicales. Mis primeros recuerdos sobre religión son de las clases que impartía la hermana Mary Agnes. Ella era una monja fuerte y determinada que no toleraba impertinencias de ningún tipo. Si nos aprendíamos nuestras oraciones y los versículos de la Biblia, recibíamos una estrella de plata en nuestros libros de catecismo. Si no lo aprendíamos, el castigo podía ir desde un reglazo en los nudillos a la lectura de la oración en voz alta una y otra vez. La educación religiosa con la hermana Mary Agnes estaba muy lejos de parecerse a la Escuela Bíblica de Vacaciones con sus manualidades, cantos y jugos diluidos de Tang.

Después de mi primera comunión y, por varios años, fui uno de los monaguillos que ayudaba en las misas. Por lo general, éramos una media docena de muchachitos que asistíamos al sacerdote. A mí me gustaba ayudar aunque no necesariamente era muy destacado en materia de fe. Lo que hacía ayudando en la misa me pareció algo trivial y relativamente poco importante. No fue sino hasta que el padre Mulvaney fue transferido a nuestra parroquia que realmente aprendí acerca de la fe.

El padre Mulvaney encarnaba la fe. Cada palabra que decía provenía de su corazón. Amaba a Dios y su vocación era enseñar a otros acerca de ese amor. Era personalmente responsable de enseñarles a los monaguillos por qué ciertas acciones eran importantes durante la misa. Mi función cobró un nuevo significado.

A medida que me acercaba al sacramento de la confirmación, tuve que elegir un nombre por esa ocasión. Elegí Andrew (Andrés), no por San Andrés, patrono de los pescadores y de los cordeleros, sino por la influencia que el padre Andrew Mulvaney tuvo en mi vida. Crecí en mi fe y en la creencia en Dios. Me uní al grupo de música y me convertí en ministro de la Eucaristía.

A pesar de las apariencias, en el fondo yo era demasiado terco para creer que Dios realmente jugara todos los días un papel en mi vida. Yo tenía libre albedrío y tenía el control de mi destino. Parte de mi resistencia era el hecho de que yo era decididamente humano. Cometía errores, tenía un mal juicio. No siempre hacía lo correcto, ni siempre fui una buena persona. Era muy egoísta, especialmente con mi tiempo. Nunca oí a Dios corregirme, ni le prestaba mucha atención. A medida que crecía, poco a poco dejé de participar en la misa e incluso dejé de asistir algunos domingos. Con el tiempo, ni siquiera podía decir que fuera un católico nominal.

A medida que me acercaba a la edad adulta, acostumbraba bromear diciendo que debí haber escogido Tomás como mi nombre de confirmación por ser tan incrédulo como el de la Biblia. Me esforzaba por guiar a mi familia pero a menudo tropezaba en mis intentos. No fue sino hasta que Emma tenía diez años que optó por el bautismo y la primera comunión. A partir de ahí, nos unimos al programa FIRE, centrado en la familia y en la educación religiosa intergeneracional. Comenzamos a asistir a misa de nuevo.

Cuando me diagnosticaron el cáncer, inmediatamente añadí mi nombre a la lista de oración de la iglesia. Por desdicha, así fue como muchos de mis amigos en la iglesia se enteraron de mi diagnóstico. Mi nombre aparecía públicamente como una de las personas que necesitaban oración por su batalla contra el cáncer. Podía oír los jadeos de sorpresa cuando se pronunció mi nombre. Habría querido decírselo a cada persona individualmente, pero tenía una batalla que librar. Tenía una familia a la que debía mantener unida.

Antes de mi primera cirugía, le pedí a nuestro párroco que me ungiera por mi condición de persona enferma. La unción de los enfermos es uno de los siete sacramentos. Nunca había pasado por esa experiencia. Me humillé mientras el sacerdote se inclinaba sobre mí y oraba por mí. Quería sentir la presencia de Dios, estar seguro de que tenía sus ojos puestos en mí, pero tenía mis dudas. Sin embargo, una cosa me llamó la atención: fue cuando el padre Dan le habló a Dios en mi favor. No solo oró por mí para que sanara, sino que también oró para que Dios guiara a los cirujanos e hicieran bien su trabajo.

Aquello fue trascendental para mí. Nunca antes había pensado en eso. Entregarme a la cirugía sabiendo que había gente orando no solo por mí sino también por los médicos, enfermeras y demás personal auxiliar que estarían en ese cuarto atendiéndome fue algo difícil de describir. Supongo que tenía más fe que Dios podía sanarme a través de los médicos que de forma directa con su poder.

También tuve la suerte de que «mi» hospital es una institución religiosa. Si lo desean, los miembros del personal pueden ponerse un botón en sus uniformes que dice: «Yo oro». Fue tremendamente reconfortante tener enfermeras y doctores que me atendían a la vez que podía ver que esas personas también ponen su confianza en Dios.

Después de la cirugía, y mientras me recuperaba en casa, algunas personas generosas me trajeron la comunión. Pero cuando ya estuve totalmente recuperado, volví al trabajo y con mi salud renovada, no volví a misa.

El que no busca no encuentra.
—Desconocido

Cuando recibí un segundo diagnóstico de cáncer, algo cambió para mí. En general, me sentía bien, hasta que tuve tiempo para reflexionar. Cuando estaba solo, me enojaba. Para ser franco, desde el primer día que me diagnosticaron sentí cómo la ira alcanzaba el punto de ebullición dentro de mí. Esa ira se originaba en el miedo. Miedo a sentir que el futuro de mi familia estaba en peligro. No encontraba la manera de ganar esa batalla. No sabía lo suficiente. Y necesitaba a alguien a quien culpar.

El segundo diagnóstico hizo que la ira explotara. Ya no estaba bajo la superficie. Traté de negociar con Dios. No quería que Emma creciera sin padre; sin mí. Haría cualquier cosa, renunciaría a lo que fuera para evitar que eso sucediera. Por extraño que parezca, aunque la rabia bullía dentro de mí, todavía creía en Dios. Todavía creía en su existencia, pero lo odiaba por lo que me estaba haciendo. Lo odiaba por mi amor por Emma.

¿Cómo podía hacerme eso? ¿Cómo podía permitir que eso sucediera?

Nuestro párroco, el padre Dan, había luchado recientemente contra el cáncer de próstata. Así que, cuando me diagnosticaron, decidí hablar con él acerca de su experiencia. Tenía la esperanza de que pudiera darme una buena perspectiva. Sentía cierto temor de ir a verlo. Él sabía que nuestra familia había estado ausente últimamente.

Me hizo pasar a su bien iluminada oficina. Era la primera vez que nos encontrábamos frente a frente. Hablamos de mi familia y cómo nos ocupamos de todo aquello. Casi no tocamos el tema de mi fe. Pero entonces, me lanzó la pregunta: «¿Estás enojado con Dios?».

Sentado allí, me miré las manos. ¿Cómo podía preguntarme eso? Si decía que no, sabría que estaba mintiendo. Si decía que sí, sería una blasfemia. No había cómo ganar.

Él podía ver la lucha que se libraba dentro de mí. Me moví en el asiento. Y cuando estaba a punto de mentir y decir que no, me dijo: «Está bien si lo estás. Él tiene hombros lo suficientemente grandes como para soportar tu enojo».

Un dique se rompió dentro de mí y comencé a llorar; las lágrimas corrían por mis mejillas. Me sentía agradecido por permitírseme sentir aquello. Por tener a alguien como el padre Dan que me dijera que estaba bien.

Yo había estado esforzándome al máximo para mantener el control de mis emociones, mis miedos, mi familia, mi salud.

Y me sentía avergonzado por estar enojado con Dios. Por eso, no le había entregado a él ninguna de mis cargas. Las estaba llevando yo solo. ¡Y ahogándome bajo tanto peso!

Significó mucho que se me diera permiso para luchar con Dios. Que se me recordara que así como voy a estar siempre con Emma, sin importar lo que ella haya hecho, ni que sus acciones hagan que yo la ame menos, Dios siente lo mismo por nosotros. Los tiempos oscuros que experimentamos en la vida no son porque Dios se haya ido, sino porque nosotros nos hemos alejado.

Y la alegría que experimentamos cuando retornamos es... indescriptible.

LECCIÓN # 35:

Las cosas no son más que eso, cosas.

Debes amar a la gente. Incluso a tus mascotas. Puedes amar tus experiencias con las personas. No ames las cosas. Estas pueden reemplazarse si se rompen o se dañan. Pero la gente no.

El año pasado nos encontrábamos luchando muy duro financieramente. Las cuentas médicas seguían llegando y acumulándose. Y yo seguía bajo el diagnóstico de cáncer. No había final a la vista. Temía ser incapaz de pagar la hipoteca de nuestra casa. Paseé la mirada por mi oficina, por la casa. Y vi cosas. Algunas muy especiales para mí. Tanto, que disfrutaba con tenerlas. Ahí estaba mi edición especial de LEGO de *La guerra de las galaxias*, una figura de edición limitada de Boba Fett (¡una de las doscientos cincuenta que se lanzaron al mercado!). Ahí estaba mi PlayStation Portable de Sony que había comprado el mismo día que salieron a la venta. Yo había sido el primero en la fila. Ahí estaban mi computadora portátil y mi iPad. Lo vendí todo. No lo pensé dos veces. Cosas son cosas.

> *Los dos días más importantes de tu vida son el día en que naciste y el día en que descubriste por qué.* —Mark Twain

CAPÍTULO 12

Reconocer el llamado

D esde que vi cómo coleccionaba Emma mis notas en su cuaderno de composición, consideré publicar mi práctica con algunas de mis redes sociales en línea. Pensé que tal vez podría mostrarles a otros padres lo fácil que era conectarse diariamente con sus hijos —no obstante lo recargados que pudieran ser sus itinerarios— y cómo esta iniciativa que demandaba tan poco tiempo y esfuerzo se convirtió en algo tan significativo para Emma. Pero titubeaba. No estaba haciendo nada extraordinario. Creía que si algunos padres se involucraban en la preparación del almuerzo para sus escolares, podrían escribirles algunas notas en sus servilletas.

Mi pensamiento era inspirar a los papás a que prepararan el *almuerzo* para sus hijos y les escribieran alguna nota significativa. Como padre con un trabajo a tiempo completo, tuve problemas con el hecho de que mi esposa pasaba mucho más tiempo con Emma. Las *notas de amor* se habían convertido en mi algo. Algo muy especial que compartía con mi hija. Nos conectaba. Pensé que tal vez a otros padres podría gustarles la idea.

Estas ideas se habían venido filtrando desde hacía meses, pero nunca hice nada. Tenía las manos llenas de trabajo con la vida familiar, con mi salud. Antes de darnos cuenta, la temporada de Navidad estaba sobre nosotros. Habían pasado casi cinco meses desde nuestra decisión de «vivir» con ese cáncer alojado en mi cuerpo. No quería pasar otra Navidad empañada por la sombra de mi diagnóstico. Pero nos sentíamos agradecidos de estar juntos y celebramos como cualquier otro año. Excepto por el regalo que Lissa me dio.

Había visto una caja grande perfectamente envuelta bajo el árbol de Navidad. Estaba ansioso por saber lo que ella había regalado ese año. Finalmente, llegó mi turno. Lissa se acercó a la caja con una enorme sonrisa en su rostro.

Desgarré el envoltorio. No soy de esos que les gusta ahorrar papel. Creo que cuanto más grande es el desorden en la mañana de Navidad, mejor. Y allí estaba. Una Xbox 360.

No pude contener el llanto. De inmediato me asaltaron dos pensamientos. Primero, sabía el sacrificio que había significado para Lissa ir a una tienda y comprar una consola de videojuegos. Ella no tiene una gran afición por la tecnología como yo. Sabía que las conversaciones con el personal de ventas acerca de qué sistema de juego era el adecuado para mí tiene que haber sido complicado. Lissa no ve el atractivo de jugar la mayoría de los videojuegos y encuentra mi fascinación por el entretenimiento digital un poco molesta. Anteriormente, pasaba demasiado tiempo jugando en mi computadora o en mi consola.

Segundo, debido a su predisposición en contra de la electrónica y los juegos de video, pensé durante unos segundos, que posiblemente había interceptado una llamada de mi médico y sabía que me estaba muriendo. Quiero decir, ¿por qué iba a querer darme un sistema de juego, a menos que fuera el fin de mis días?

No hace falta decir que estaba más que feliz con el regalo.

Cuando empecé a jugar Halo, mis pesadillas se detuvieron. Inmediatamente. El proceso no fue gradual. No se hicieron poco a poco menos violentas. Desaparecieron. De la noche a la mañana. Las pesadillas que me habían atormentado por más de un año, haciendo que a menudo me levantara a las tres de la mañana, ya no tenían nada que ver conmigo. Se habían desvanecido.

Una gran Navidad junto con la desaparición de mis pesadillas me puso en el estado de ánimo adecuado para empezar a publicar algunas de mis *notas de amor* por la Internet. Pensé simplemente que compartir las citas que le había escrito a Emma cada día podría ser útil para alguien. Además, era algo positivo en lo cual enfocarse. Durante los últimos dos años, había estado sumido en las estadísticas de cáncer, las resonancias magnéticas, los análisis de sangre. En vez de luchar contra algo malo, ahora quería crear algo bueno.

Empecé poco a poco. Ni siquiera dije lo que estaba haciendo. Puse una cita y empecé la entrada con «180NN», puesto que «180» era el número total de días de escuela que quedaban para que yo escribiera mis notas para Emma. Quedaban 180 oportunidades para inspirar, formar, moldear. «NN» eran las iniciales del título de este libro en inglés. Así, dos días después de Navidad puse:

O nos hacemos infelices o nos hacemos fuertes. La cantidad de trabajo es la misma. —Carlos Castañeda

Durante las siguientes semanas, publiqué esporádicamente pensamientos y notas en línea. Creé un eslogan: «Empaque. Escriba. Conéctese». Sentí que esas tres palabras captaban lo que estaba tratando de hacer: Empaco el almuerzo. Escribo una nota. Me conecto con mi hija.

Mantuve la sencillez. Para mostrarle a la gente lo fácil que era hacer algo pequeño y que podría tener un gran significado.

Para el verano, unos compañeros de trabajo me dijeron que estaban siguiendo mis mensajes. Con sus comentarios, decidí comenzar en Facebook una página «oficial» de «Notas de amor» (*Napkin Notes*). El primer cuadro que puse fue una fotografía de la *nota de amor* que le había escrito a Emma para el último día de la escuela.

Tú sola eres suficiente. No tienes que demostrar nada a nadie. —Maya Angelou

Entonces, sucedió algo extraordinario.

Estaba almorzando con David Brumfield, un reclutador a quien veía por primera vez. Yo estaba interesado en algunas oportunidades de trabajo. Hablamos sobre cómo ocupábamos nuestro tiempo antes de que nuestras respectivas familias se despertaran. Le dije que normalmente era yo quien le preparaba su almuerzo a mi hija y que, a menudo, pasaba tiempo buscando citas para ponérselas en su lonchera. Le hablé de la conexión que sentía con Emma mientras le preparaba su almuerzo y le escribía la nota. Él, que me había escuchado con toda atención, me interrumpió para decirme: «Oh, ¿como esas *notas de amor* que he venido siguiendo en Facebook?».

Lo miré con el ceño fruncido. ¿Me estaba tomando el pelo? No. Nada de eso. Él no tenía idea que yo era el de las *notas de amor*.

Sorprendido, me eché a reír y le dije: «Mi amigo, yo soy el de las *notas de amor* en Facebook».

No lo podía creer. Continuamos hablando de lo importante que era para los papás conectarse con sus hijos y cómo eso de las servilletas había resultado una excelente manera de conexión.

Cuando terminamos el almuerzo, me pidió que lo acompañara hasta su automóvil. Al llegar, me miró y me dijo: «Solo quería que viera esto». Tomó una lonchera que yacía en el asiento trasero de su auto, la abrió y me mostró la nota que había incluido para su hija el día anterior. Era exactamente la misma que yo había incluido en Facebook unos días antes. «Te amo. Haz que tu día sea maravilloso».

Me inundó una serie de emociones. Me sentí rendido. Aquí estaba. Esto era lo que había estado esperando. Y, en realidad, sucedió. Había inspirado a alguien para que se conectara con su hijo.

Me fui de ese almuerzo extremadamente feliz.

¿Cómo fue que David y yo nos conectamos? ¿Qué operó ahí? Hasta ese día, no sabíamos nada el uno del otro. Nuestra conversación había sido totalmente informal y la única razón por la que habíamos empezado a hablar de las servilletas era porque yo había mencionado que me levantaba temprano para trabajar en un proyecto personal.

Unos pocos amigos y colegas de vez en cuando comentaban que Dios estaba obrando a través de mí. Pero yo no comprendía lo que ello significaba. Solo estaba escribiendo *notas de amor* en servilletas para Emma y las publicaba. En definitiva, no soy un modelo de padre ni de esposo. Cometo mis errores y sufro las mismas debilidades humanas, como todos. No me siento ni santificado ni espiritualizado haciendo esto. Ni siquiera me he animado a hacerlo como práctica de mi religión.

Mi esposa no se crio como católica, pero ha sido un gran soporte de la vida espiritual de nuestra familia. Se daba cuenta de todos los domingos que habían pasado sin que asistiéramos a misa. Podría decir que me estaba dando el espacio para decidir cuándo estuviera listo para volver.

Nunca me habría imaginado que sería Emma la que iniciaría nuestro regreso.

Había un muchachito de la escuela al que Emma invitaba de vez en cuando a algunos pícnics y reuniones sociales a las que asistíamos todos. Es probable que fuese el momento de que ella mostrara un verdadero interés por los muchachos. En cuanto a mí, no me atraía la idea de entrar en esa fase de la paternidad, pero también había una parte de mí que me hizo reconocer que mi hija cada día se iba haciendo mayor.

No sabía mucho acerca de ese muchacho, pero sí sabía que iba a otra iglesia católica del pueblo. Se hizo evidente que impresionó a Emma cuando ella, como quien no quiere la cosa, le dijo que le gustaría ir a la misa en su iglesia.

Sonreí y traté de hacer como que no me daba cuenta de lo que estaba pasando. Por eso, cuando Emma me preguntó si podíamos ir a la iglesia del chico, le dije que sí. Y fuimos. Por supuesto que podíamos ir a la misa en la Iglesia Santa María.

Yo estaba agradecido por mi conversación con el padre Dan. Saber que Dios podía lidiar con mis iras y mis enojos me ayudó a dar la cara en la iglesia sin sentirme como un hipócrita. Me senté y escuché el evangelio, Emma se acurrucó a mi lado. De vez en cuanto estiraba el cuello para ver si su «amigo» estaba por ahí. La prédica estuvo basada en Mateo 4.12-23. Seguí atentamente la historia de Jesús cuando, caminando por la orilla del mar de Galilea, llamaba a sus discípulos a que dejaran todo y lo siguieran, y cómo ellos obedecieron sin hacer preguntas. Nunca me había considerado un verdadero discípulo. Si Dios me estaba llamando a seguirle, me pareció estar dispuesto a hacerlo, pero siempre arrastrando los pies.

Desde que le entregué mis cargas a Dios, sentí que mi espíritu se aligeraba. Mientras estaba allí sentado, escuchando el sermón, traté de ver si Dios me estaba hablando a mí. ¿Adónde trataría Dios de llevarme?

Lección # 38:

No te acuestes con cualquiera.

Respétate. Respeta a tus seres queridos. Me gusta pensar que llegará el día cuando te enamorarás y vivirás con ese ser amado por el resto de tus días. Estoy seguro que tú quieres eso también. Se supone que el sexo es divertido, pero tienes que valorarte a ti misma y a tu cuerpo. Mejor aún, debes amar a alguien que te ame y te respete.

Quiero que te enamores. Quiero que tengas la confianza en ti misma para respetar tu cuerpo y tu alma. Contrólate.

Tercera ronda

La vida no tiene que ser perfecta para ser maravillosa.
—ANNETTE FUNICELLO

CAPÍTULO 13

¡Hasta cuándo! (o, Ya estoy cansado de hacer llorar a Emma)

Me limpié una lágrima mientras doblaba lentamente la servilleta. A veces, cuando le preparaba el almuerzo a Emma y escribía sus servilletas me sentía atraído por algunas citas que necesitaba oír, que necesitaba creer. Las lágrimas brotaban porque en la oscuridad de la madrugada me sentía como derrotado.

Tengo cáncer de nuevo.

Tengo cáncer de nuevo.

Tengo cáncer de nuevo.

Las palabras rebotaban en mi cabeza como bolas de béisbol contra mi cráneo. Cada vez el golpe era más duro.

A finales de septiembre había ido para mi exploración de rutina, el mismo día que tenía una biopsia. La exploración revelaría las condiciones del riñón y la biopsia mostraría cualquier crecimiento de mi cáncer de próstata. Me había retrasado algunos meses con ese chequeo debido a que quería pagar algunas de mis cuentas anteriores y tratar de evitar que se acumularan más. Había llegado el momento de evaluar si nuestra vigilancia activa estaba funcionando.

Mi tomografía computarizada reveló algunas áreas «imprecisas». Le tenía miedo a la palabra «imprecisa» porque siempre significaba más exámenes. Los médicos recomendaron una resonancia magnética (MRI, por sus siglas en inglés). Esta vez sabía de qué se trataba. Tendido en la camilla del túnel, pude oír golpes y zumbidos. Como el procedimiento se había hecho a las ocho de la noche, no esperaba que me llamaran al día siguiente; sin embargo, a las diez de la mañana recibí una llamada del doctor para decirme, una vez más, que tenía cáncer.

«Hay algo en su glándula suprarrenal», me dijo. «Podríamos entrar y practicar una biopsia o simplemente entrar y sacarla. Usted tiene dos glándulas suprarrenales, así que realmente no necesita esta. Debido a lo cerca que están estas glándulas de su riñón, se podría asumir que el cáncer renal se ha extendido».

El doctor se aseguró de que yo tuviera el número de su teléfono celular en caso de que quisiera hablarle por cualquier cosa.

No se preocupe, pensé. *Tengo todos los números de los teléfonos celulares de todos mis médicos.*

Pero terminé la llamada telefónica con un:

—Hagámoslo. Programe la cirugía. ¡Adelante!.

Mi doctor dijo:

—Señor Callaghan, sabía que diría eso.

Me eché hacia atrás en la silla del escritorio y me quedé mirando fijamente a la pared. Acabábamos de empezar otro año escolar y aquí estábamos de nuevo. Otra caída, otro cáncer.

Esa semana, mi familia había estado emocionadísima. Nuestro periódico local, el *Richmond Times-Dispatch*, había publicado un reportaje sobre mis *notas de amor*. En cuanto a mí, estaba enormemente conmovido por su interés y más aún cuando vi la publicación. Cubría la mayor parte de la primera página de la sección Vida y Entretenimiento, y concluía en una página interior. Incluso habían puesto en la portada del periódico una nota en forma de llamada. Era un exceso de calidad y un pequeño punto de luz de lo que estábamos tan necesitados como familia. Me preocupaba el efecto que todo eso pudiera haber tenido sobre Emma, ya que ella tuvo que hablar con un reportero sobre lo que significaría para ella si un día me perdía; sin embargo, si eso animaba a otras familias a conectarse de manera más profunda, habría valido la pena.

Pero entonces, ¿por qué me estaba enfrentando al cáncer una vez más?

Me tomó dos días armarme de valor para decírselo a Emma. Cuando al fin nos sentamos a hablar, esperé que ella, de alguna manera, trajera a colación el tema del sexo, así no tendría que ser yo el que lo hiciera. Por desgracia, no tuve que echar mano de mi perorata sobre la reproducción humana; en lugar de eso, tuve que decirle que tenía cáncer de nuevo. La abracé con fuerza, así que no pude ver si estaba llorando. Mi voz vaciló un poco, pero me las arreglé para hablar del ratoncito antropomórfico Chuck E. Cheese y el juego de Whac-A-Mole (o golpea al topo). Le expliqué que era probable que mi cáncer siguiera apareciendo de vez en cuando, como en el juego de Whac-A-Mole.

Emma guardó silencio unos segundos y luego dijo:

—Tú no puedes ganar al juego Whac-A-Mole. Tienes que ganarle a esto.

Dios bendiga a esta niña.

La vida es demasiado corta para trabajar para un idiota.

Una vez trabajé para una empresa como gerente distrital con una cantidad de tiendas bajo mi responsabilidad. Las oficinas centrales estaban en Virginia Beach. Solo tenía que ir a la oficina un par de veces en el mes. Pero cada vez que iba, me daba la impresión de que algo no andaba bien allí. Cuando tenía necesidad de contratar a un empleado, la pregunta de rigor que se me hacía era: «¿Es negro?». ¿Qué? ¡No estábamos viviendo en el año 1960! Un día oí a dos compañeras de trabajo hablando de demandar a la compañía por discriminación. Ambas estaban embarazadas. También descubrí que me tenían en la mira porque no participaba en sus fiestas con drogas.

No hace falta decir que me fui de la empresa sin mirar atrás.

El trabajo es importante para mí. Sin duda que para ti también lo es. Es probable que hayas tenido unos cuantos jefes y supervisores en tu vida laboral. Pero déjame decirte una cosa: la vida es demasiado corta para gastarla trabajando para un idiota.

Sé un arco iris en la nube de alguien.
—Maya Angelou

CAPÍTULO 14

El héroe cotidiano

Durante la preparación para mi cirugía, una de las enfermeras me hizo la pregunta de rutina:

—¿Entiende los riesgos y beneficios de este procedimiento?

¿Qué decirle? A estas alturas me tomaba todo con un gran sentido del humor, así que le contesté:

—Sí, el riesgo es que me muera y el beneficio es que siga viviendo.

No creo que haya estado preparada para ese tipo de respuesta.

En aquel tiempo, la recuperación era bastante llevadera. Ni siquiera alcancé a terminar de usar el medicamento que me dieron para el dolor. Pero cuando la patología volvió dos semanas más tarde, no fue una buena noticia. El cáncer no se había eliminado completamente. Todavía estaba en mi cuerpo. Me pusieron oficialmente en la categoría de pacientes de alto riesgo.

Ya no podía seguir disimulando. Iba a morir. La muerte estaba en el horizonte. No estaba seguro de cuán lejos estaba, pero podía verla. Sentirla.

Por un lado, esperábamos entrar en algunos ensayos experimentales para el tratamiento del cáncer de riñón; por otro, yo estaba realmente interesado en conseguir una cita en el *MD Anderson Cancer Center* de Houston, Texas. Cuando por primera vez me diagnosticaron cáncer renal, me di a la tarea de investigar y así fue como compilé una extensa lista de los mejores programas y hospitales. El *MD Anderson* estaba en el primer lugar. Pero allí requerían un depósito de mil dólares para asegurarle a uno un espacio en su agenda. Yo no tenía los mil dólares. Pero me dijeron que en enero serían parte de la red de hospitales que mi seguro cubría. Era cuestión de esperar.

Unos pocos días después de la cirugía, me dirigí a Orlando para una entrevista de trabajo. (¡Podrás llenar a un tipo como yo con cáncer, pero —como al tigre— no podrás quitarle sus rayas! Yo seguía listo para buscar nuevas oportunidades laborales, siempre con la esperanza de asegurar el mejor futuro posible para Lissa y Emma, sin importar lo que me pasara a mí). Instalado en mi asiento, esperando que el avión despegara, trataba de controlar los pensamientos que corrían como enloquecidos por mi mente. Me acomodé para estirar las piernas. Llevaba un libro, pero no me captaba la atención. Les eché un vistazo a las revistas en el bolsillo del asiento frente a mí. Una, titulada *Spirit* de las aerolíneas Southwest, me interesó. Empecé a hojearla.

Un artículo me llamó la atención. Se titulaba «El héroe cotidiano». Por supuesto, tratándose de un héroe y siendo yo un fanático de *La guerra de las galaxias* me interesé y empecé a leer. Y al empezar a leer, empecé a llorar.

Era la historia de Alex Sheen, un joven que después de la muerte de su padre había iniciado un movimiento social sobre el poder de mantener una promesa. «Porque dije que lo haría» (*Becauseisaidiwould.com*) animaba a las personas a perseverar en procurar alcanzar sus propósitos. La única cosa que Alex recordaba de su padre era que siempre mantuvo sus promesas. Lo que fuera. Había sido un hombre de palabra. Alex se dio cuenta de lo poco que se valoraba ese compromiso en nuestra desenfrenada sociedad de hoy. Quería reenfocar a la gente, y a él mismo, en hacer lo que decimos que vamos a hacer. Ideó tarjetas de visitas para enviar por correo a las personas que querían hacer una promesa. En la parte inferior de la tarjeta en blanco simplemente decía: «Porque dije que lo haría». La gente podría escribir su compromiso en la parte superior, tomar una foto de la tarjeta y subirla a la Internet.

Algunas de las promesas eran breves; otras eran enormes.

Obviamente, yo me encontraba en una situación bastante precaria frente a otro diagnóstico que, en el mejor de los casos, se veía sombrío. Y frente al hecho de que el médico había dicho que pacientes como yo tenían aproximadamente un ocho por ciento de posibilidades de sobrevivir cinco años. Emma se graduaría de la secundaria en cuatro años y medio. Había una muy buena posibilidad de que yo no estuviera para escribirle mis *notas de amor* cada día hasta que se graduara.

Yo sabía que había una promesa implícita a Emma en que siempre le prepararía su lonchera y que le escribiría una nota de amor. Pero esa posibilidad parecía estarse diluyendo. ¿Qué iba a hacer?

Era muy poco lo que yo podía controlar en esa batalla. No entendía por qué tenía que seguir luchando cuando muchos hombres llegaban a sus setenta sin ningún tipo de problemas de salud significativos. Llegaban a ver a sus hijos, no solo graduarse de la escuela, sino también de la universidad, empezar a trabajar, casarse. Pero, ¿asegurarle a Emma que siempre tendría su nota en una servilleta? Eso era algo que podía controlar.

Juré en ese mismo momento, en el asiento 34B de Southwest Airlines, que escribiría tantas *notas de amor* como fuera necesario para que ella tuviera una cada día hasta que se graduara. Hice un cálculo rápido de cuántas notas tendría que escribir hasta su graduación y me dispuse a escribir, escribir, escribir tan pronto como llegara a casa. Serían 826. Escribiendo 826 podría cumplir la promesa que le hiciera a mi hija.

Una vez que llegué a Orlando y antes de alojarme en el hotel, le envié un correo a Alex, diciéndole la manera en que su artículo me había inspirado y la promesa que acababa de hacer. Unos días más tarde me respondió. Se manifestó emocionado por mi compromiso con Emma y las *notas de amor*. Me impresionó su respuesta. La misión de Alex era grande. Él estaba haciendo grandes cosas. En cambio, yo era solo un padre con cáncer escribiendo *notas de amor* para su hija.

Entrar en contacto con Alex y su misión produjo algo en mí. Me ayudó a enfocarme. En vez de poner toda mi atención en el pronóstico sombrío que acababa de recibir, me hizo concentrarme en lo que iba a dejar después de que ya yo no estuviera. Y, ¡caramba! Iba a dejarle a mi hija una colección de consejos que podría necesitar en la vida.

Si no puedes hablar de algo, no lo hagas.

¿Me pedirias consejos sobre cómo hacer trampa en un examen? ¿Sobre cómo robar un banco? Si el pelo en la parte posterior del cuello se te eriza cuando piensas en esa conversación, nunca debiste haberla tenido.

¿Le preguntarias a tu mejor amiga si puedes salir con su novio? No lo creo.

Eres lo suficientemente madura como para tener conversaciones de adultos acerca de acciones, sentimientos y pensamientos. Ten esas conversaciones. Si no puedes, entonces tal vez no seas lo suficientemente madura como para acometer esa acción.

CAPÍTULO 15

El mejor regalo de Navidad jamás recibido

Lissa anduvo mucho tiempo conmigo visitando el departamento de oncología Massey Cancer Center del Virginia Commonwealth University (VCU). Había oído grandes cosas, estaban en nuestra red de seguros, y estaban en Richmond. Podían reunirse conmigo en seguida. Sin embargo, yo insistía diciendo: «¡Pero ellos no están en mi lista!».

Mi esposa trataba de ser paciente conmigo, pero no quería esperar hasta enero para ir al MD Anderson de Houston, Texas. Así que hizo una cita con el doctor Swainey y prácticamente me arrastró al VCU para reunirme con él.

Cuando llegamos, no pude sino recordar a otro oncólogo que conocimos pocas semanas atrás. No era aguerrido. Era pasivo. Tranquilo. «Realmente no hay mucho que podamos hacer, Callaghan. Si desea, podría quizás tomar una medicina; quiero decir, si realmente lo desea, pero no sabemos si funcionaría, y además viene con una gran cantidad de efectos secundarios...».

Sí. ¡Quiero tomar esa medicina! ¡Quiero que saque su espada y pelee por mí! No hace falta decir que salí de allí lo más rápido que pude.

Pero ¿el doctor Swainey? Tan pronto como me encontré con él, supe que era mi guerrero. No solo dio los pasos para meterme desde ese mismo día en el proceso, sino que también me ayudó a centrarme en mi fe.

Siempre les hice ver a mis médicos que no se trataba de mí, sino que se trataba de mantenerme con vida para Emma. Lo mucho que la amaba, y que haría cualquier cosa. Sí, *¡cualquier cosa!* para seguir con vida por ella.

El doctor Swainey me detuvo a media frase para decirme:

—¿Sabes cuánto amas a tu hija?

Le di una mirada con la que le quise decir: *¡No me ha estado escuchando!*

Sonrió y, pacientemente, me dijo:

—Dios la ama más.

¡Uao! Bueno. Tal vez necesitaba eso.

Él era oficialmente mi médico.

La Navidad se acercaba. ¡Otra Navidad ensombrecida por el cáncer! Además, las facturas médicas se seguían acumulando. Pagar la hipoteca era una lucha. Ya había vendido algunos de los juegos, los equipos electrónicos y la colección de *La guerra de las galaxias*. Con el producto de esas ventas me aseguraba de cubrir el pago correspondiente al mes de diciembre. No quedaba mucho para regalos y celebraciones especiales.

El plan para tu vida excede en mucho las circunstancias de hoy. —Desconocido

Mi madre no sabe cómo ser sutil, sin embargo, fue lo suficientemente generosa como para regalarnos un dispositivo multimedia *chromecast*. Para mí fue, realmente, un regalo extravagante. Me emocioné y procedí de inmediato a instalarlo. Estuvo listo después del almuerzo, así que llamé a la familia para mostrarles el nuevo juguete.

Si no estás familiarizado con él, el Google Chromecast permite que los teléfonos y las tabletas transmitan al televisor. Por lo tanto, saqué mi teléfono y abrí la aplicación YouTube. El último video que había visto todavía estaba en mi pantalla. Era uno de Alex titulado «Resolución para el nuevo año: 52 semanas después».

Todavía no había hablado con Lissa o Emma acerca de la promesa que había hecho ni les había dicho nada acerca de Alex. La promesa me había afectado de manera significativa, pero no sabía cómo tocar el tema sin admitir que... me estaba preparando para morir.

Pero quería que ellas también se sintieran inspiradas. La época de Navidad y ver el video podría ser una buena manera de centrarnos en todas las bendiciones que nos rodean, a pesar del sentimiento evidente que causaba mi enfermedad.

Retuve un tanto el video y expliqué cómo había leído acerca de Alex y su misión. En seguida vimos el video. Lissa y

Emma parecían disfrutarlo. Luego empezamos a prepararnos para nuestra caminata anual de Navidad con Noël.

La televisión había estado apagada durante exactamente dos minutos cuando entró una llamada a mi teléfono. No reconocí el número. ¿De Ohio? Yo no tengo familia allí y no iba a hablar con un desconocido el día de Navidad, así que no respondí.

Pero entonces sentí que debía averiguar quién era. Me apresuré a ver si habría dejado algún mensaje. Empecé a buscar el número. Después de varios intentos, vi esto: «Porque dije que lo haría llevaré a Disneylandia a 20 niños diagnosticados con cáncer».

¿Qué? ¿Alex? ¿Alex me estaba llamando? ¿Y en Navidad? ¿Apenas unos segundos después de haber hablado de él y de su misión a mi familia?

En efecto, me había dejado un mensaje grabado:

Hola, Garth. Soy Alex Sheen, de «Porque dije que lo haría». Intenté comunicarme contigo en noviembre pero no fue posible conectarnos. Solo te llamaba para desearte unas felices fiestas y hablar un poco. Tal vez en otro momento. Espero que tengas unas felices fiestas. Hablaremos pronto.

Emocionado, le envié de inmediato un mensaje. Le di las gracias por su llamada y le dije que sí, que pronto nos conectaríamos.

Nos fuimos a hacer nuestra caminata. Sentía la cabeza como si estuviera entre las nubes. Obviamente, me conmovió que Alex hubiese pensado en llamarme y, más aún, en

Navidad. Pero también tuve la sensación de que algo estaba por ocurrir. Que había una razón más allá de lo que me había dicho en el mensaje por la que Alex y yo estábamos conectándonos de esta manera.

Lissa me miró y le sonreí. Puso su mano enguantada en la mía:

—Sin duda que este ha sido tu mejor regalado de Navidad, ¿verdad, cariño?

Y lo era.

Alex y yo hablamos al día siguiente. Había olvidado que toda su misión estuvo inspirada en la muerte de su padre por cáncer. Lloré. Lloramos juntos. Una vez más, me proyecté a un futuro posible con una Emma sin su papá.

No me gusta cuando mi mente se proyecta así al futuro. Pero la verdad es que resulta muy difícil evadir esa mentalidad.

Alex me pidió que escribiera sobre mi historia en su página de Facebook «*Porque dije que lo haría*». Yo estaba más que feliz de publicarla. Seguimos hablando durante las siguientes semanas. Alex quería asegurarse de que los hechos se presentaran correctamente y que yo me sintiera cómodo con el aspecto emocional de la historia. Me preguntó varias veces si estaba de acuerdo en publicar mi historia. Yo pensaba: *Por supuesto, si va a ser de ayuda para alguien.* Alex me advirtió sobre la rapidez con que mi familia podría estar bajo los potentes focos de la popularidad. Pensé que estaba loco. Aunque a veces hay videos que se hacen virales, por lo general, eso toma tiempo. Y yo no vi nada potencialmente viral en la historia de un padre enfermo que escribía algunas notas en servilletas.

Lección # 44:

Aprende a perdonar.

El perdón es un regalo que tú misma te das. No necesitas olvidar. Solo tienes que aprender a dejar ir y a no permitir que esa persona o esa situación te controlen.

A principios del año 2001 me despidieron de la empresa Circuit City. Tú eras apenas una bebé y mamá no estaba trabajando. Recibí una buena indemnización por despido y, a los dos días, ya me habían ofrecido otro trabajo. Viéndola en retrospectiva, no era necesariamente una situación difícil. Sin embargo, durante años me aferré a la amargura de que fui despedido. Nunca le dije a nadie la sensación de haber sido traicionado. La llevé yo solo, en silencio. En los años que siguieron, esa sensación envenenó muchas de mis interacciones con Circuit City. Yo me estaba haciendo daño a mí mismo. ¡Y lo peor era que mi enojo no era con una persona, sino con una institución!

Todos necesitamos paz y el perdón nos permite echar fuera el dolor de la ofensa. Perdonar es una decisión, al igual que otras decisiones en tu vida. Tú tienes el poder de decisión.

Mi vida es mi mensaje. —Mahatma Gandhi

CAPÍTULO 16

Bajo las luces de la popularidad

23 de enero de 2014

«¿Qué significa alto riesgo», preguntó Garth. Su oncólogo lo miró a los ojos y respondió: «Usted va a morir de esto». Garth tiene cuarenta y cuatro años de edad y ha sido diagnosticado con cáncer tres veces desde noviembre de 2011. Cáncer de próstata una vez. Cáncer de riñón, dos veces. A pesar de que hoy día parece saludable, las estadísticas dicen que tiene una probabilidad del ocho por ciento de vivir más allá de cinco años.

Garth tiene una hija llamada Emma, para quien ha estado escribiendo notas en servilletas que pone en su lonchera junto a su almuerzo desde que Emma estaba en segundo grado. Son solo unas pocas palabras de aliento, pero en los trajines de sus días, separados en el trabajo y en la escuela, es un momento en el que se pueden conectar. Es un momento en el que Garth sabe que ella está pensando en él.

Garth puede morir, pero no dejará que Emma se sirva su almuerzo sin esa nota. Esta es su promesa: escribir una nota en una servilleta para cada día de clases que Emma tenga hasta que se gradúe de la escuela secundaria. Hasta la fecha, ha completado 740. Le faltan 86.

Eso fue lo que Alex publicó en su página de Facebook. Dos horas después de la publicación, recibí un correo electrónico de Alex: «Al ritmo que va, su nota parece que va a ser el mensaje más popular que hayamos tenido en Facebook».

Estuve leyendo todos los comentarios y me sentía profundamente conmovido por el apoyo que estaba recibiendo. También publiqué mi historia en mi *sitio* de la Internet, por lo que ya había empezado a conocerse en mi círculo de amigos y más allá.

A la mañana siguiente, Lissa se me acercó preocupada. Le pregunté de qué se trataba. A Emma no le habíamos dicho nada sobre la publicación en Facebook. Ni ella ni la mayoría de sus amigas y amigos visitaban ese sitio de las redes sociales. Pero ese mensaje, obviamente, se había centrado en la severidad de mi diagnóstico más de lo que yo hubiera querido. Lo que le preocupaba a Lissa era que alguien se acercara a Emma y le dijera: «No sabía que tu papá se está muriendo».

Por supuesto, eso sería horrible. Pero mi cabeza todavía estaba atascada.

—Lissa —le dije—, Emma nunca va a oír eso. Por lo demás, no importa. No todo el mundo estará leyendo esa historia.

En esto estaba totalmente equivocado.

Mientras la historia seguía difundiéndose, al día siguiente me decidí a hablar con Emma. Ella sabía que yo era un paciente de alto riesgo. En realidad, nunca habíamos definido lo que eso significaba, excepto que íbamos a mantenernos vigilantes ante la posible aparición de un nuevo cáncer y, al mismo tiempo, buscaríamos opciones de tratamientos que pudieran mantener el crecimiento a raya.

Estaba llevando a Emma a alguna parte. Ni siquiera puedo recordar a dónde íbamos. Estando los dos solos en el automóvil, le hablé sin darle mucha importancia a la historia de Facebook. Mencioné las estadísticas que aparecían en forma prominente en la historia.

Ocho por ciento.

Cinco años.

Le dije que para mi caso la estadística era de uno. Las estadísticas no son conclusivas. Yo creía eso entonces y todavía lo creo. Nuestra familia vencería las probabilidades. No éramos unos números inertes en una hoja de cálculo.

Le dije que quizás ella no querría entrar a la Internet y leer historias sobre mí. También le dije que podrían pedirnos que contáramos la historia del cáncer, pero más importante que eso era hablar de nuestras *notas de amor* y lo mucho que significaban para nosotros. Queríamos ayudar a otros padres a conectarse mejor con sus hijos con esas *notas de amor*. El cáncer no iba a ser el protagonista. Y lo más probable era que tampoco lo iba a ser la muerte. Morir nos ocurrirá a todos. Somos seres mortales. No podemos evitarlo.

Emma pareció entender. Le pregunté si tenía alguna preocupación en cuanto a contar la historia. Con un movimiento de cabeza, dijo que no, y que le encantaría poder ayudar.

Dale a un amigo tu último dólar

El dinero es una cosa. Tú puedes ganar más. Si tienes un amigo necesitado y te lo permite, dale el dinero. Mejor aún, tal vez deberías dárselo aunque no te lo permita. Nunca le prestes dinero a un amigo. Nunca le prestes dinero a un miembro de tu familia. Dáselo. Si se lo prestas, estarás atándolo a ti aunque no quieras. Y el que reciba el dinero en préstamo será consciente de las ataduras aunque parezcan no existir.

CAPÍTULO 17

No soy más que alguien que escribe en servilletas

Era un martes por la mañana y estaba sentado ante mi escritorio en el trabajo cuando recibí un texto extraño de mi asesora profesional, René Haines. «Te vi en el programa *Today*. ¡Felicitaciones!».

Miré a todos lados. Estaba seguro de que me encontraba en mi cubículo. No estaba en Nueva York ni siquiera en pensamiento. ¡No tenía idea de lo que me estaba hablando René!

Alex había llamado tan solo unos días después de la publicación tan exitosa de mi historia en Facebook para preguntarme si podía publicarla en otros sitios. ¡Fantástico! Me dijo que esperara algunas llamadas para entrevistas. Solté una risita. Y luego entró una llamada de alguien de *Today.com*. Eun Kim quería entrevistarme para su página de la Internet. Me sorprendió pero, por supuesto, estuve de acuerdo. A esa llamada le siguieron cientos de otras: BuzzFeed, Huffington Post, Yahoo. Pero todo era *online*. No había estado en la televisión.

De alguna manera el segmento *Today's Take* en el horario estelar de las nueve de la noche tenía una historia sobre mí.

Habían tomado el contenido de la entrevista en la Internet para ponerla al aire.

Mi celular comenzó a sonar. Sin parar. Definitivamente, mis *notas de amor* se habían hecho, oficialmente, virales.

Los días siguientes fueron un torbellino de actividad: solicitudes para presentaciones, conversaciones en la familia sobre hasta dónde nos estaba llevando eso. ¿Estaba bien que llevara a mi hija a entrevistas para tratar un asunto tan privado y desgarrador como mi enfermedad? Pero cada vez que tocábamos el tema, Emma se mostraba segura de que podría manejar la situación. Le encantaba la misión de las *notas de amor* y yo, por mi parte, me sentía orgulloso de todo lo que estaba sucediendo. Ella quería que el mensaje se difundiera tanto como fuera posible.

Yo estaba impresionado con mi pequeña hija.

No obstante, cada vez que me ponía bajo los focos era como sentir una estocada. Los entrevistadores me exaltaban por lo que estaba haciendo, me repetían una vez tras otra lo bueno que era como padre. Y aunque yo les agradecía sus palabras, ¿en serio? Estaba escribiendo notas en servilletas de papel. Sí, eso era importante. Sí, de alguna manera debíamos recordar esas cosas sencillas en esta sociedad que nos implanta prioridades fuera de lugar. Pero esas personas que me dedicaban esos elogios no habían estado allí en los días en que los efectos secundarios de la medicina eran insoportables y no tenía paciencia para nada. Tampoco estaban ahí cuando le hablé a Emma de una manera poco comedida por tardar tanto en prepararse para su práctica de sóftbol mientras que me preocupaba que llegáramos tarde.

El valor de las *notas de amor* en las servilletas no estaba en mí, aunque me estuviera muriendo, sino en que cualquier papá podría escribir sus propias *notas de amor* en sus servilletas. No le tomaría más de cinco minutos al día hacer algo especial para las personas a las que aman. Empacar el almuerzo. Escribir una nota. Conectarse.

Eso era lo importante. No yo.

El valor es tener miedo a la muerte, y ensillar de todos modos. —John Wayne

---

Me sentía abrumado mientras nos preparábamos para nuestro primer viaje a la ciudad de Nueva York. *Today* planeaba un programa en vivo. No podía dormir. No podía pensar correctamente. No me sentía capaz de controlar el tsunami de interés en nuestra familia.

En nuestra primera noche en la ciudad de Nueva York, nos detuvimos en la Catedral de San Patricio. Lissa quería conocerla, yo nunca había estado allí. Al momento de entrar, sentí una presión en el pecho y en la cabeza. Emma y yo estábamos a solo unas horas de aparecer en un programa que se veía en todo Estados Unidos para contar nuestra historia. Potencialmente estaríamos hablando a millones de padres y esperábamos que nuestro mensaje resonara aunque fuera un poquito. En la parte posterior de la iglesia hice lo que se conoce como «la oración de Shepard» y que según rumores, el astronauta Alan Shepard habría hecho. La pronuncié en voz alta para que Lissa y Emma pudieran oírla:

«Querido Señor, no dejes que la @#%@&*».

Creo que Lissa y Emma estaban conmocionadas. Por lo general, yo no digo palabrotas y, por cierto, nunca había dicho en una iglesia lo que dije ahora. Pero eso pareció haber relajado en algo la tensión bajo la que me encontraba. ¿Qué estaba haciendo aquí? Desde luego, yo no había planeado ese repentino paso a la popularidad. ¿Y si lo echaba todo a perder? ¿Qué pasaría si no era capaz de mantener el control mientras trataba de relatar lo que sentía acerca de mi mortalidad y explicaba por qué eran tan importantes las *notas de amor* para mí?

Solo unas horas antes, cuando había grabado un segmento para el programa *Here and Now*, de la Radio Pública Nacional (NPR), no estaba preparado para contestar preguntas. «Garth, en primer lugar, todos los que oigan esto, incluyéndome a mí que estoy conversando con usted, esperan que cuando Emma reciba la servilleta número 826 usted todavía siga aquí. En el caso de que eso no ocurra, ¿qué esperaría que piense ella de usted cuando reciba la servilleta 826 y revise su colección?». ¡Caramba! ¡No podía creer que me hicieran esa pregunta con Lissa y Emma en el estudio!

Me atraganté con mis propias palabras y sollocé. Me sentía como si me hubiesen dado una puñalada en el corazón. No podía contenerme. Gracias a Dios mi familia estaba a mis espaldas. Ya me había acostumbrado a contar la historia de una manera positiva y sin alterarme. Sí, es cierto. Tuve mis miedos y mis angustias, pero había sido capaz de sobreponerme a todo eso. Hasta entonces, creía que una actitud positiva era la mejor arma en mi arsenal. Sin embargo, bastó una pregunta para que mis miedos y mis dudas entraran no solo en el campo de batalla, sino que cargaran contra mí con todas sus fuerzas.

Por dicha, la Radio Pública Nacional editó la mayor parte de mis sollozos y mis tartamudeos. Pero eso era lo de menos. Yo sabía cómo me había sentido y lo que había sucedido. No podía imaginarme haciendo lo mismo en una transmisión televisiva a todo el país. Estando frente a las cámaras, no había dónde esconderse.

La mañana siguiente llegó con su llamada ridículamente temprano y un entrevistador benditamente sensible. Emma fue increíble y yo me las arreglé para no perder el control. Fue un momento surrealista, algo que todavía no había visto, una experiencia que nunca habría esperado tener, especialmente con mi pequeña hija. (¡No queremos engañar a nadie!, porque por esos días, ella lucía como una jovencita. Tan serena. Tan confiada. Y yo, todo orgulloso). Esa misión había adquirido un nuevo significado. El cáncer era un precio bastante alto que había que pagar para poder compartir mis *notas de amor*. Yo pensaba: *Oh Dios, ¿es esto lo que me estás pidiendo que haga? ¿En serio? Habría preferido no tener que lidiar con el cáncer y mantener las* notas de amor *como algo entre Emma y yo solamente. ¿Me entiendes?*

A medida que las circunstancias seguían tratando de ponerme sobre un pedestal, yo luchaba con la presión emocional que eso significaba. Cuando llegó a ser demasiado, levanté el teléfono y llamé a mi madrina, la tía Ruth. Ella siempre había sido mi santuario. Cuando vivía cerca de ellos, a menudo me iba a pasar los fines de semana con ella y mi tío Peter. Me gustaba hacerles bromas a sus hijos cuando eran pequeños. Ella y yo habíamos pasado horas haciendo un pastel con la forma del

Seas lo que seas, sé buena.
—Abraham Lincoln

castillo de Super Mario para Jonathan cuando cumplió los cinco años. Cuando estaba con ellos sentía un gran alivio. Además, en su casa siempre me había sentido seguro.

Me escuchó tranquilamente; luego dijo con precisión lo que yo necesitaba escuchar. «Garth, tú no estás solo en esto. Nunca lo has estado. No tienes por qué preocuparte por lo que vas a decir. Ya lo has dicho todo. Seguramente hay gente que no te ha oído aún. Empaca. Escribe. Conéctate. ¡Esto tiene que ver menos con el cáncer que con lo que tu hija significa para ti y con el hermoso recordatorio a todos nosotros de la necesidad de aprovechar cada pequeña oportunidad que nos da la vida para decirles a los seres queridos que son *maravillosos*!».

Empaca. Escribe. Conéctate.

Yo podría hacer eso. Sigo el mismo consejo hoy.

Cuando no sé qué hacer, o cuando me siento abrumado por el caos de mi vida, sé qué es lo más importante.

Tomo un respiro.

Preparo un almuerzo.

Escribo una nota.

Me conecto con Emma.

Repito.

Nada importa más que eso.

Eres una líder, así que lidera.

Emma, eres una lider. Tienes las capacidades para atraer amigos y organizarlos en equipo. Ser líder no depende de un titulo. Puedes liderar desde dentro.

Te observo. Puedo ver tus frustraciones cuando las cosas no van bien. Necesitas reconocer que tu equipo te observa. Ellos imitarán tu forma de ser. Harán lo que les sugieras. Si dejas que las circunstancias determinen tu estado de ánimo, tu equipo se dará cuenta de eso y te seguirá.

Al liderar, delega. Tú no puedes hacerlo todo. Tus acciones y tu actitud van a inspirar a tu equipo.

Una vez, cuando era gerente de Circuit City Express, fui a la tienda un día que estaba libre. Quería ver cómo iban las cosas. Fui en pantalones cortos y camiseta. Definitivamente no era ropa de trabajo. Mientras conversaba con uno de los asociados de la tienda entró un cliente. Se dirigió a mi y empezó a hacerme preguntas sobre algo. Le respondí con prontitud y respeto. El cliente se mostró satisfecho. Entonces le pregunté por qué se había dirigido a mí, que andaba vestido de una forma que nadie habría pensado que yo trabajaba allí. Me respondió diciendo que, claramente, daba la impresión de que era la persona encargada de la tienda, independientemente de cómo estuviera vestido.

> Propongámonos vivir de manera tal que cuando nos toque morir hasta el enterrador lo lamente. —Mark Twain

CAPÍTULO 18

El don de las palabras

Hice una pausa antes de doblar la servilleta. No sabía si debía de escribir algo sobre la muerte en las *notas de amor* a Emma en esos días. No quería inducirla a pensar en mi mortalidad. Más bien quería que pensara en la vida. En su vida. En cómo vivir de la mejor forma posible. Pero esa cita decía eso. Me gustó. Así que la escribí, doblé la servilleta y la puse en su lonchera.

Hoy me sentía emocionado. El doctor Swainey había llamado con la noticia de que no me habían aceptado para el ensayo clínico debido a mi cáncer de próstata. (Se pensaría que al tener yo dos tipos de cáncer me pondrían entre los primeros en la lista. Pero, por desgracia, las cosas no resultaron así). Bendito sea, el doctor Swainey encontró la manera de proveerme la medicina y de que mi seguro cubriera parte de su costo. (Sin la ayuda de mi seguro, la medicina me habría costado doce mil dólares por mes). Me alegra haber sido tan agresivo para atacar el cáncer y estoy muy agradecido por haber encontrado un médico dispuesto a comprometerse en hacer todo lo posible para mantenerme con vida.

Con alguna frecuencia me han preguntado sobre el impacto que el cáncer ha tenido en mi vida. Hay una larga lista de aspectos que se han visto alterados por la enfermedad. Ha atacado a todos los principales pilares de mi vida. Me ha sacudido hasta lo más íntimo de mi ser, al punto que a veces he estado tentado a dejar de luchar. Puedo decir que no solo yo tengo cáncer. Lo tiene toda mi familia. Hemos estado en el campo de batalla por años y es probable que nunca salgamos de él hasta el final de mi vida.

Esto puede ser difícil para quien lo lea. Fue difícil para mí decírmelo a mí mismo la primera vez.

No puedo decir que habría deseado no haber tenido cáncer nunca. No me alegra haberlo tenido. Desde luego, deseo, espero y oro para no tenerlo mañana. Pero no puedo decir que habría deseado no tenerlo.

El cáncer me ha puesto en este camino. El cáncer me ha llevado a centrarme en lo importante. Y si puedo ayudar a otros en este mismo sentido, ¿quién soy yo para decir que no debería enfrentar esta situación?

Estoy agradecido por otra razón. La enfermedad ha sido una llamada de atención. Lo más obvio ha sido hacer un balance de mis bendiciones, decirles a los que me interesan que los amo. Pero también, me ha hecho prepararme. Poner las cosas en orden. El seguro de vida. Mi testamento. Los preparativos para mi funeral.

Como lo he mencionado antes, mi padre fue el sepulturero de Port Leyden durante treinta y cuatro años. La muerte fue una forma de vida para mi familia. Me crié sabiendo que era una realidad de la vida, algo que todos queremos evitar, al menos en tanto que fuera posible, pero si llegaba a ocurrir, la Funeraria Callaghan estaba allí para apoyar a la familia y tratar de hacer que la transición fuera lo más fácil posible.

Sin embargo, cuando mi padre murió a los pocos meses de mi primer diagnóstico de cáncer, fue la primera muerte que realmente sufrí. Todos mis abuelos habían fallecido cuando yo era un muchacho, pero eso no había sido más que un rito de iniciación. Tenía un tío que murió unos años antes que papá, pero no teníamos una relación muy cercana. Esa fue la primera vez que un miembro de la familia se iba. Mi padre era una roca, para mí y para mucha gente a su alrededor. Perderlo puso mi mundo al revés.

No hace falta decir que la muerte de mi papá me sorprendió. Aunque nunca gozó de un estado de salud envidiable, creo que ninguno de nosotros esperaba que muriera cuando lo hizo. Su médico pensó que quizás tenía cáncer de pulmón. Había algunas manchas en el pulmón, por lo que era razonable creer que podría tratarse de cáncer. Papá había sido un fumador empedernido. Sospecho que empezó a fumar en la escuela primaria.

Se le practicó una biopsia. Todo anduvo bien durante el procedimiento pero, poco después, colapsó su pulmón. Entró en coma y nunca se recuperó.

Viajé a visitarlo después que hubo entrado en coma. No había mucho que se pudiera hacer en su caso. No había nada que decir. No sabíamos si podría superar esa crisis.

Hacía menos de una hora que habíamos iniciado el regreso a casa cuando recibí una llamada. Papá falleció. Desde mi

148

perspectiva, fue de repente. No pude decirle adiós. Tampoco tuve la oportunidad de hablar con él debido al coma.

Yo no estaba preparado para la cascada de emociones que cayó sobre mí en esos días. Mi primer pensamiento cuando regresamos a Port Leyden fue: *¿Quién va a sepultar al sepulturero?* En muchos casos, es el hijo quien toma las riendas de la familia. En esta ocasión no. Yo, como mucho, era un espectador, el hijo que no había querido seguir los pasos de su padre. El hijo que se fue de casa y que veía a sus padres unas cuantas veces en el año. Tampoco mi hermana, Colleen, que, como yo, no se había dedicado al negocio familiar pero por lo menos estaba físicamente más cerca de casa. (En una nota al margen, mi madre, aunque tenía sesenta y nueve años cuando mi padre murió, decidió seguir ella sola con el negocio familiar).

En realidad, no estábamos preparados para la muerte de papá. Debíamos haberlo estado. ¡Por el amor de Dios, el negocio de la familia era la muerte! No recuerdo ninguna ocasión en que la familia haya conversado sobre lo que se esperaba de los hijos después de que nuestros padres fallecieran. No sé cuál era la voluntad de papá al respecto. Sé que a menudo decía que los funerales y sus detalles eran para la familia que quedaba. No supe qué sería lo que quería para él. Nunca hablamos de eso.

Mamá ni siquiera contaba con un testamento y para administrar la propiedad tuvo que desenterrar un documento de hacía cuarenta años. (Creo que se suponía que yo tenía que ir a vivir con mi tío Harold y tía Gigi, pero considerando que tenía cuarenta y dos, todos pensaron que lo mejor era que viviera solo).

¿Por qué evitamos hablar de esas cosas? Morir es parte de la vida. Que yo sepa, todos tenemos una probabilidad del cien por ciento de que vamos a morir. La misión de nuestra familia era ayudar a las familias de Port Leyden después de la muerte de un ser querido; sin embargo, evitamos el tema dentro de nuestra propia casa.

No sé si incluso puedo comenzar a describir lo que fue mi vida con mi papá cuando estaba creciendo. Estoy seguro de que todo el mundo tiene historias similares sobre buenos y malos momentos. Hubo algunos en que me sentí muy cerca de papá y, a la inversa, los hubo en que lo sentí muy lejano y poco interesado en mí. Sé que mi papá nos amaba a mi hermana, Colleen, y a mí. Creo que hubo ocasiones en que se le hizo difícil expresarnos su amor. Cuando nos mostró su amor y su apoyo, fue algo absolutamente inmenso.

Una cosa que sé con certeza es que ayudó a inculcar en nosotros, a una edad temprana, el valor del trabajo duro. Recuerdo una vez que necesitaba dinero para pagar por un viaje de estudios. Papá no me lo iba a dar sin más. Tenía que «ganármelo». Ese día, él decidió que tenía que ganármelo derrotándolo en un juego. Sacamos una caja de cartón enorme. No pude imaginarme qué había originalmente dentro de esa caja, pero bien pudo haberse usado como una casita para tres o cuatro niños. Doblamos las solapas y jugamos «baloncesto» usando la caja. Por dicha, yo era apenas un muchachito y no jugaba bien al baloncesto, pero con esa caja era diferente. ¡Mi padre no se dejó vencer! Él no simpatizaba con el principio de que a un niño hay que dejarlo ganar porque es niño. Para ganar había que esforzarse.

Cuando era apenas un niño, mi papá me enseñó a jugar al ajedrez. Él tenía un juego muy especial. Las piezas eran increíblemente suaves y brillantes. El tablero, sin embargo, había visto días mejores. Él y su mejor amigo jugaban a menudo cuando estaban en la universidad. Yo aprendí una secuencia de apertura, la defensa siciliana, que usaba todo el tiempo. Jugábamos, jugábamos y jugábamos. No puedo contar las veces que jugamos hasta que al fin le gané. Creo que ni siquiera me di cuenta de que le había dado un jaque mate.

De Monopolio, teníamos verdaderas maratones. El juego a menudo comenzaba como un evento familiar con mamá y Colleen. Pronto, ellas se retiraban y quedábamos papá y yo jugando por horas. En una ocasión, un juego duró varios días. Nos preocupábamos de que al día siguiente, el tablero apareciera intacto para continuar jugando. Saboreábamos cada batalla, cada victoria.

Y estaba también el Pináculo. El Pináculo era un verdadero juego familiar. Todavía es posible encontrar por diferentes lugares de la casa hojas que muestran las puntuaciones de los partidos jugados tanto tiempo atrás. Estoy bastante seguro de que todos los miembros de ambos lados de mi familia jugaron Pináculo, y nunca olvidaré el momento en que por fin me invitaron a sentarme a la mesa. Fue un honor no solo porque la familia me consideraba lo suficientemente maduro para jugar, sino porque si jugaba, uno de los adultos tenía que cederme su lugar. Mi familia mostró una paciencia infinita mientras yo aprendía. El Pináculo es un juego de cartas difícil y hay muchos matices que influyen en él. Todo el mundo parecía ir tres pasos por delante de mí mientras yo me preguntaba cómo podían ser tan buenos. En un juego hice pareja con mi papá. Él había ganado la puja y yo estaba feliz porque estaba seguro que con él ganaríamos; sin embargo, cometí un error y perdimos. Nunca he olvidado aquel juego. Mi papá se decepcionó mucho, pero me explicó cuidadosamente lo que debía hacer en caso de que la situación se repitiera. No volvió a ocurrir, nunca olvidé esa lección.

Para ganar hay que aprender.

En conclusión, me gané los extras que necesitaba en la vida. Mamá y papá creían que habría zapatos nuevos cuando los necesitáramos, pero si los queríamos «especiales» o algo mejor que los que ofrecía la tienda local, Colleen y yo teníamos que responsabilizarnos por la diferencia de precio. Las veces que quise incorporarme al conjunto de esquí alpino, tuve que comprarme mi propio equipo.

Con el fin de ganar ese dinero extra, trabajé para mi papá. Creo que la mayoría de los hijos que trabajan o han trabajado para sus padres estarán de acuerdo conmigo en que eso no es nada fácil. Aunque a los once años tuve mi primer trabajo aparte de la familia repartiendo periódicos para el *Watertown Daily Times*, mi labor principal era de «ayudante» en la Funeraria Callaghan. Mi responsabilidad laboral era cortar el césped, lavar el coche fúnebre y palear la nieve. En el norte de Nueva York, quitar la nieve de las aceras es un trabajo sin fin durante seis meses del año. En muchas ocasiones tenía que empezar de nuevo tan pronto como había terminado.

Cualquiera hubiera sido el trabajo que tuviera que hacer, mi papá esperaba que lo hiciera bien. Si por descuido había quedado una porción de césped sin cortar, tenía que volver atrás y repasar esa parte hasta que quedara uniforme con el resto. Para mí era mejor reparar el error que esperar hasta que mi papá me ordenara que lo hiciera. Tenía que corregir los errores antes de terminar el trabajo, pues de lo contrario, no habría paga.

Lavar el coche fúnebre era lo que menos me gustaba. Los coches fúnebres son altos. No podía llegar fácilmente al techo. El techo era negro y tenía que secarlo antes que se formaran las manchas que dejan las gotas de agua. El tapacubos tenía rayos, al menos cincuenta por neumático. Me pasaba horas limpiándolos con un cepillo de dientes. ¡Qué desagradable era esa parte del trabajo! ¿Por qué nuestro coche fúnebre no podía tener tapacubos normales? Cuando terminaba con esa parte del trabajo, tenía que pasar a la limpieza de las partes blancas de los neumáticos. Parecía como si lavar el auto fúnebre fuera un trabajo de nunca acabar y tenía que hacer eso cada vez que se llevaba a sepultar a alguien.

A medida que crecía, mis responsabilidades crecían conmigo. Con frecuencia, me encargaba de los arreglos florales, mover y acomodar las sillas, además de la limpieza de la funeraria antes del horario de atención al público. Incluso ayudaba a mi papá a traer cuerpos desde sus casas y a trasladar ataúdes. Él se preocupaba de que todo se hiciera con mucho cuidado.

No fue sino hasta que fui mucho mayor que me di cuenta de algunas de las lecciones que mi papá estaba inculcando en mí. Francamente, no sé si estas eran intencionadas o si eran parte de la rutina en el trabajo de la funeraria.

1. Siéntete orgulloso de tu trabajo.
2. Hazlo bien la primera vez.
3. Tu trabajo no siempre tiene que ver solo contigo.

Aunque la limpieza de los rayos en el coche fúnebre era algo tedioso, había una razón fundamental detrás del esfuerzo que mi papá requería. No era simplemente sentirte orgulloso de tu trabajo. No era sentir que lo estabas haciendo bien. Era porque nosotros, los Callaghan, queríamos mostrar un respeto casi sagrado a los familiares de la persona difunta. Puerto Leyden es un pueblo pequeño. Allí todos se conocen. Conocíamos a la familia del difunto. Teníamos que mostrar respeto al difunto, a los familiares y también a la comunidad. No era solo cuestión de sacar la nieve para mantener el camino despejado, limpiábamos la nieve para que los familiares del difunto pudieran llegar sin tropiezos ni problemas a la funeraria. Ya tenían suficiente con la muerte de su ser querido. No necesitaban más dificultades. Mi trabajo era, entonces, despejarles el camino.

Actúa como si lo que haces marca la diferencia. Lo hace. —William James

---

Me diagnosticaron cáncer tan solo unos meses después de morir mi papá. A decir verdad, no tuve la oportunidad de llorar totalmente su partida porque ahora tenía que llorar por mí mismo. Mis sentimientos acerca de la muerte de papá se vieron ensombrecidos por el temor a la mía.

No fue sino hasta hace poco que me di cuenta de lo mucho que extraño a papá. Estaba en medio de una entrevista de radio sobre mis *notas de amor* cuando vino a mi memoria la figura de mi papá. «Soy un padre impulsado por una misión, la cual es llegar a todos los padres para inspirarlos a escribir a sus hijos.

Sea una vez al día o una vez a la semana, que hagan el firme compromiso de escribirles una breve nota. Mi papá falleció hace un par de años y... no hay nada que no diera por tener una nota o una carta de él. A este punto, ya es demasiado tarde».

No hay nada que no diera por tener una nota o una carta de mi papá. A este punto, ya es demasiado tarde.

Estaba ahogado por la emoción repentina y tuve que hacer algunas exhalaciones profundas para seguir hablando. Esa insondable tristeza me invadió y me di cuenta de que, en ese momento, no estaba pensando en que Emma podía perder a su papá, sino que estaba pensando en cuánto me dolía haber perdido el mío.

Mi mamá escuchó la entrevista. Ella sabía que en la casa tendría que haber algo que calificara como una nota de mi papá. Recorrió toda la casa buscando. Revisó cajas con viejas tarjetas de calificaciones, dibujos hechos con crayones, artesanías y certificados de premios.

Encontró una. Aunque conservó para ella el original, nos mandó una copia a Colleen y a mí. Lo supe en cuanto abrí el sobre. Era la letra de mi papá. Volví a meter la carta en su sobre y estallé en sollozos. A pesar de que era exactamente lo que había estado anhelando, me di cuenta de que no estaba listo para leerla. Había sido diagnosticado por cuarta vez y no sentía ánimo para leer una carta de mi difunto padre. Era demasiado para mí.

Finalmente y varios meses más tarde la extraje de su sobre y me dispuse a leerla. Mi padre la había escrito como un ejercicio durante un encuentro matrimonial al que habían asistido un fin de semana de 1978.

15/11

Querida familia:

La mayoría del tiempo me siento muy orgulloso del trabajo que Garth y Colleen hacen en la escuela.

Papá fue un estudiante perezoso y ahora estoy avergonzado por las notas que obtuve en la escuela. Si alguna vez vieran mis reportes seguramente me darían una azotaina por mal comportamiento.

Cuando mamá y yo vamos a alguna conferencia o incluso cuando nos encontramos con sus profesores, casi siempre dicen cosas excelentes de ustedes y su trabajo, lo que nos da sentimientos de felicidad por nuestros hijos.

A veces, sin embargo, me siento decepcionado de que no trabajen más duro en aquellas cosas que no les gustan. Si no les agrada, por lo general las dejan para el final especialmente las cosas que realmente deben hacer. Yo entiendo perfectamente la situación. Si no les gusta algo es solo porque es difícil.

Dios fue muy bueno con mamá y conmigo al darnos dos hijos tan inteligentes que por lo general ni siquiera necesitan estudiar para obtener buenas notas y cuando ponen esfuerzo en su trabajo casi siempre sus calificaciones son las más altas.

Garth. A veces, Garth tiene un problema porque cuando «eres el mejor en todo, entonces ¿para qué esforzarse?». Bueno. «Esfuérzate y serás siempre el primero».

Colleen. Sé que Colleen tuvo un mal comienzo este año y no estuvo haciendo su trabajo pero, entonces, la nueva Colleen está haciendo un buen trabajo. A la señora O'Connor no se la puede engañar y no me mentiría.

Para resumir todo esto, me siento muy afortunado de tener dos niños que hacen tan bien su trabajo.

Amén,

Papá

Eso es todo. Esas son las únicas palabras escritas que tengo de mi papá. Deben haber más, pero eso es todo lo que tengo en el momento. No es mucho, pero estoy agradecido por tenerlas. Un recordatorio de su preocupación y su cuidado por nosotros. En cuanto a mí, me conocía bien. Siempre destaqué en la escuela, pero si había algo que no me interesaba, mi tendencia era posponerlo. Las fracciones me hicieron sufrir. El año anterior había tenido problemas con las tablas de multiplicar. (Ahora me encantan las matemáticas, ¡gracias a Dios!). Recuerdo una ocasión cuando las fracciones y las matemáticas me sacaron lo mejor de mí. Mamá había ido a Saranac Lake durante la semana. Mi abuelo Keough estaba batallando contra el cáncer y no le iba nada bien. Mamá era enfermera y fue a pasar unos días con él. Antes de salir, preparó comida para toda la semana y la había guardado en el congelador. Un día que íbamos a comer sopa de arvejas, papá decidió que me encargara de preparar el pan de maíz. Fui a la despensa, agarré una caja de harina ya preparada para hacer pan de maíz y me dispuse a seguir las instrucciones impresas. Decía que a una porción de harina tenía que añadir 1/3 de taza de leche. Yo no sabía leer las fracciones, así que interpreté como que había que añadir tres tazas. Y eso hice. ¡Uyuyuy! Eso no era masa; era un menjunje muy líquido. Me di cuenta de que había hecho algo mal y puesto que no supe cómo resolverlo, le pedí ayuda a mi papá.

Quizás no sea necesario decir que él era muy frugal. Se había criado en una familia en la que no se desperdiciaba nada, por lo que tirar una caja de harina a la basura era inconcebible. ¿Su solución? Añadir más harina a la mezcla hasta conseguir la consistencia de la masa. El problema se arregló, pero estuvimos comiendo pan de maíz por semanas.

No estoy seguro que hubiese recordado el incidente a no haber sido por la lectura de esta carta.

Vivimos actualmente en la era digital. Soy un aficionado a la tecnología, disfruto mi tableta y mi teléfono inteligente para mandar mensajes de texto, enviar y recibir correos electrónicos. Pero hay algo especial en una carta escrita que es insustituible. ¿Alguna vez vuelves a los correos que ya has leído para releer algo? Probablemente, no. Pero si por alguna razón empiezas a hurgar en un cajón con cosas viejas y encuentras una nota o una carta escrita a mano, son muchas las probabilidades que la vayas a leer. ¿No es cierto? Vas a detenerte en lo que estás buscando y volverás a conectarte con la persona que escribió la carta; te vendrán a la mente cosas que ya habías olvidado y te sentirás afectado emocionalmente por algo que allí se escribió.

No esperes. El momento adecuado nunca llegará. —Napoleon Hill

---

No puedo ni siquiera comenzar a pensar en el número de *notas de amor* en servilletas que he escrito. Ni cuántas ha recibido Emma. El año pasado comencé a enviar algunas por correo a mis amigos. Luego, a enviar a gente que ni siquiera conocía pero que necesitaba un aventón emocional. Ha habido algunos en batalla contra el cáncer que podría decir que necesitaban recibir mis notas. A veces lograba conseguir sus direcciones y se las empezaba a mandar; un puñado de ellas. A menudo olvidaba escribir en los sobres mi remitente. Me agradaba la idea de saber que podría hacer feliz a alguien sin que tal persona llegara a saber quién era el remitente.

También he recibido gran cantidad de *notas de amor* escritas en servilletas. Las he guardado todas. Pareciera que Dios sabe cuándo necesito de una palabra de apoyo y la trae en el momento justo.

Mi primera nota llegó poco después de mi tercer diagnóstico. Fue aquel un momento particularmente difícil para mí. Comenzaba con una complicada agenda de citas médicas, una tomografía computarizada y una biopsia de próstata. Confiaba que tendría ambos procedimientos el mismo día, pero debido a la presencia en mi estómago de un «simpático» contraste, no se me pudo suministrar el sedante para mi biopsia de próstata. Y no estaba dispuesto a esperar. Pero recordaba muy bien el dolor que me había ocasionado la primera y cómo había jurado que nunca más volvería a tener una biopsia sin un sedante. Fue frustrante, pero estaba obligado, así que acepté someterme al procedimiento, independientemente del dolor que me produjera.

La enfermera Kaky Minter siempre asistía en esas pruebas. Kaky es una enfermera amable y preocupada. Muestra una preocupación genuina por sus pacientes, y sabía que yo me estaba sometiendo a la biopsia sin el sedante que deseaba.

El procedimiento se completó más rápido de lo que yo esperaba. Solo me sequé un par de lágrimas. Kaky sabía que acababa de tener una tomografía computarizada y, por lo tanto, no había comido nada desde el día anterior. Así que se aseguró de proveerme algunas galletas y una bebida de *ginger ale* para ayudarme con mi digestión. Mientras me comía las galletas, hablamos de mis *notas de amor*. Ella había visto el artículo del periódico. Fue una forma grata de olvidarme del dolor.

Al día siguiente me diagnosticaron cáncer de riñón y un día más tarde empecé a hacer planes para una nueva batalla.

De la enfermera Kaky. 17 de noviembre de 2013

Llegó en un sobre normal. No tenía idea de lo que había dentro. De lo que estaba casi seguro era que no se trataba de otra factura médica, lo que agradecí. Pero cuando abrí el sobre, me quedé atónito. Alguien me había enviado *a mí*, una *nota de amor* escrita en una servilleta. Hasta ese momento, solo había escrito *notas de amor* para otros, en su mayoría para Emma. Y la verdad es que nunca me imaginé que habría de recibir una que me impresionara tanto.

> *Hola, señor Callaghan:*
>
> *Pensé que usted debería recibir una nota. Y he querido informarle lo grato que ha sido conocerlo y lo inspiradora que es su historia. Un día de estos volví a leerla en el periódico y la he compartido con varias personas.*
>
> *Gracias por su historia y también por las vidas a las que está inspirando.*
>
> *¡Siga adelante con tan buen trabajo!*
>
> *Sinceramente,*

Kaky Minter

Y al final, había añadido:

¡Vencerá!

Sentí cómo pugnaban las lágrimas por asomarse de nuevo. ¡Hombre! Parece que este cáncer me está convirtiendo en un llorón. Con un movimiento de cabeza traté de desechar esa idea. Había tenido que leer su posdata varias veces. La batalla contra el cáncer es larga. Se requiere de mucha concentración y energía. Hay días cuando voy corriendo apenas con el tanque de reserva y tengo que ocultárselo a mi familia para no preocuparlos. Esta *nota de amor* me llenó el tanque mental y espiritual, y lo mantuvo lleno varias semanas.

Primera *nota de amor* de Emma. 13 de enero de 2014

He estado escribiendo servilletas con *notas de amor* a mi hija, Emma, por años. El 13 de enero de 2014 marca la primera vez que ella escribió una *nota de amor* para mí y, sin que me diera cuenta, la puso en mi lonchera.

Fui al trabajo aquella mañana exactamente como lo he hecho siempre. Llevaba tanto mi desayuno como el almuerzo. Charlé con mis compañeros de trabajo mientras abría la lonchera para sacar mi avena. Vi una toalla de papel junto a mi comida. Me pareció extraño porque estaba seguro de que no había puesto nada por el estilo. Me tomó un minuto darme cuenta de que otra persona tenía que haberla puesto allí.

Sonreí ante lo que venía a continuación.

Abrí el papel toalla y vi una nota:

Si mis amigos saltaran al vacío, sería por una idea mía. Sinceramente, tu hija es una líder, no una seguidora.

P. D. Creo que ya utilizaste todas las servilletas.

Emma había puesto en mi almuerzo una *nota de amor*. ¡Y lo hizo sin que yo me diera cuenta! Mis ojos se humedecieron. Tomé la nota y recorrí la oficina mostrándosela a todos con los que me encontraba. Mi hija me había escrito una nota, ¡a mí! Yo le había estado dando notas por años. Sabía que las apreciaba, pero esto era una prueba de que realmente ¡eran importantes para ella!

Cuando volví a casa ese día, le di un gran abrazo y le pregunté qué la había inspirado para hacerlo.

Inhaló profundamente y me respondió. «Papá, yo no hago lo suficiente por ti. Tú lo haces todo por mí. ¡Simplemente encontré un buen dicho para escribírtelo!».

Segunda *nota de amor* de Emma. 15 de enero de 2014

Sucedió de nuevo.

Emma coló otra servilleta con una *nota de amor* en mi almuerzo antes de que yo saliera para el trabajo. La alegría que sentí fue realmente increíble. Yo había comenzado algo y Emma estaba continuándolo. ¡Eso me parecía extraordinario! Mi hija, a la que he escrito *notas de amor* en servilletas durante años, ahora se estaba comunicando conmigo por la misma vía.

La nueva nota decía:

Una flecha solo puede ser disparada halándola hacia atrás. ¡Asimismo, cuando la vida te está arrastrando hacia atrás es porque te va a lanzar a algo formidable!

La vida me había estado arrastrando hacia atrás a pesar de que lo resistía con todas mis fuerzas. Había sido un largo invierno y estaba cansado. Cansado de tanto luchar. La batalla nos estaba afectando en muchos frentes.

Ese día tuvimos una gran victoria. Nuestro sistema de aire acondicionado era viejo. Seguramente ya habría superado con creces sus años de vida útil. Me estuve preguntando en todo el invierno si al fin dejaría de funcionar. Esa tarde recibí una llamada de la compañía de aire acondicionado James River. Nos estaban ofreciendo un equipo nuevo con un descuento sustancial. ¡Podríamos esperar un verano fresco!

Ese día yo era la flecha.

Terry Martin. 7 de marzo de 2014

La cuaresma había comenzado. Me detuve en la iglesia para charlar con Ed Golden, Gran Caballero de los Caballeros de Colón de San Miguel. Yo buscaba a los Caballeros de Colón en mi iglesia cuando me faltaba fe. La sociedad los Caballeros de Colón fue fundada por el padre Michael J. McGivney en 1882, en parte para ayudar a las familias católicas que habían perdido a la persona que las sostenía económicamente. Yo estaba muy preocupado ante la posibilidad de dejar a mi familia con una montaña de facturas médicas. Los caballeros también tenían un programa en el que uno podía recibir algo de ayuda con esas cuentas.

Ese grupo de hombres llegó a ser mucho más de lo que me imaginé. Al cabo de unos meses me uní a ellos. Cada reunión comenzaba con oraciones. Todo el grupo estaba orando por mí para que venciera en mi batalla. Me recibieron con los brazos abiertos. Me sentí seguro con ellos. Y respaldado.

Un viernes, no planeé quedarme con el grupo para cenar pescado frito. Además, Lissa estaba preparando la cena en casa. Mientras charlaba con Ed, uno de los caballeros vino a preguntarnos si nos quedaríamos para cenar pescado frito. Yo le expliqué que en casa teníamos otros planes pero no me escuchó. Iban a preparar una cantidad para que se la llevara a mi familia.

Fue una amabilidad increíble. Y me sentía muy agradecido. La comida que me dieron representaba la atención de un grupo de hombres. Eso significaba que Lissa no tendría que preparar la cena. Era un apoyo en términos de alimentación y buena voluntad.

Llegué a casa, contento por compartir aquello con mi familia. Llenamos nuestros platos y nos sentamos para ver una película. Emma fue la última en servirse y, al hacerlo, se encontró con una *nota de amor* escrita en una servilleta en el fondo de la bolsa.

Garth:

Usted está conmoviendo vidas en una manera muy positiva... Usted es una inspiración y, de veras, lo admiro.

Terry

Terry Martin, el hombre que me había llevado a los Caballeros de Colón, había escrito en una servilleta una *nota de amor* para mí. Una vez más, me sentía conmovido. Ese mensaje era exactamente lo que necesitaba en ese momento.

No deja de sorprenderme cómo cada una de esas notas me llegó en el momento preciso en que necesitaba un impulso. Necesitaba un recordatorio de que lo que yo estaba haciendo era algo importante. Que había momentos de victoria, incluso cuando me sentía sumido en la derrota.

Las palabras son herramientas poderosas. Pueden derribar y pueden levantar. Es un poder que ejercemos todos los días.

Forma un equipo mejor que tú.

Fui muy afortunado al tener los equipos con los que me tocó trabajar. Con toda sinceridad puedo decir que todos mis equipos superaron en mucho mis capacidades. Por ejemplo, mis equipos en Circuit City Express eran capaces de asumir la dirección y mantener las tiendas funcionando. Eran capaces de lograr las metas aunque yo no estuviera con ellos para dirigirlos. Eran independientes y expertos en solventar cualquier dificultad. Confiaba en ellos y el trabajo se hacía.

Cuando trabajé con la compañía 127TECH, aprendí a proveer dirección al comienzo de un proyecto y dejar que se desarrollara. Cuando lo veía necesario, intervenía para ofrecer alguna orientación. A veces nos separábamos en grupos pequeños y no había comunicación entre nosotros. Esto nos obligaba a confiar los unos en los otros de que la tarea de cada uno se llevara a cabo. No solo contraté asociados idóneos, sino también personas que pudieran llenar los vacíos y fueran capaces de compensar mis limitaciones.

Forma tu equipo para que sea mejor que tú sola. Forma tu familia. Forma tu equipo laboral. Apóyalos como líder y deja que ellos te apoyen como tu equipo.

Cuarta ronda

¿Sabes lo que quieres hacer? Pues, ¡hazlo!
Te amo. Papá.

Mientras esperas que Dios abra la próxima puerta, alábalo en el pasillo. —Desconocido

CAPÍTULO 19

Efectos secundarios

Era febrero, solo diez días después de que empecé a tomar oficialmente la nueva medicina que debía mantener mi cáncer renal acorralado. Era el tiempo para mi escáner de los seis meses. Sí. Creo que lo adivinaste. Apareció más cáncer. El riñón otra vez. De tres a cinco lesiones en el riñón enfermo. Y algo más en la glándula suprarrenal que me queda.

Por dicha, ya estaba tomando la medicina que me mandarían. El doctor Swainey lo había dejado bien claro: «Este medicamento es la mejor y última oportunidad que tenemos. Si esto no funciona, tendremos que recurrir al plan B, al C o al D y probablemente hasta al plan K. Pero realmente esperamos que este medicamento dé el resultado que esperamos».

Es la medicina lo que realmente me hace sentir horrible. Como la muerte. Pero si me mantiene con vida, la probaré.

Tengo unos días buenos y otros malos. En general, no me ilusiono. Los medicamentos francamente me patean. Yo sabía que no iba a ser un camino de rosas. Los efectos secundarios son un tanto problemáticos:

- *diarrea (¡Comprobado! ¡Más que comprobado!)*
- *fatiga (¡Comprobado!)*
- *náuseas (¡Comprobado!)*
- *cambio en el color del pelo (¡Comprobado!)*
- *pérdida del sentido del gusto (¡Comprobado! La mayoría de los sabores es como ver algo en blanco y negro, pero quiero comer en un mundo de ialta definición!)*
- *pérdida del apetito (¡Comprobado! He perdido casi nueve kilos)*
- *vómitos (Solo una vez, pero ¡caramba! fue horrible)*
- *dolor en el lado derecho de la zona abdominal (¡Comprobado!)*
- *moretones por cualquier roce (¡Comprobado!)*
- *latidos cardíacos irregulares o rápidos (¡Comprobado!)*
- *desmayos (Todavía no, por suerte)*
- *problemas con hemorragias (¡Comprobado! ¡Cómo disfruto la indignidad de un sangrado nasal!)*
- *presión arterial alta (¡Comprobado!)*
- *problemas de tiroides (¡Comprobado!)*

Permítanme aclarar algo. Estoy agradecido, sí, agradecido, por estar tomando ese medicamento. Representa mi mejor oportunidad para vencer el cáncer. Obviamente viene con algunos retos. Pero estoy dispuesto a enfrentarlos.

Alguien me preguntó si eso era la quimioterapia. No lo es. Técnicamente, no es ni parecido a la quimioterapia. Sin embargo, se puede decir que es «como la quimioterapia», excepto que la tomo todos los días y no descanso entre una dosis y otra. No experimento todos los efectos secundarios al mismo tiempo, pero sin duda me acosan algunos de los más fuertes.

Tengo que controlar mi presión arterial cada dos semanas porque uno de los efectos secundarios de ese medicamento es que produce insuficiencia hepática. El otro día Lissa y yo fuimos a ver a mi médico. Él me había suspendido el medicamento por unos días porque mi hígado no lo estaba asimilando bien. También estaba preocupado por el impacto acumulativo de los efectos secundarios. Yo me sentía mal y tampoco estaba manipulando muy bien el medicamento.

Rebatí su deseo de que me tomara un descanso.

—Soy un paciente de una dosis completa —le dije—. Quiero seguir con las dosis aunque no me gusten.

Sonrió y me dijo:

—Ya lo había notado.

No iba a ganar esa batalla, especialmente no con Lissa en la habitación. Ella fue testigo.

Lissa sabía que mi cuerpo ya no daba más y que yo estaba a punto de alcanzar mis límites físicos. Así que le preguntó al doctor:

—¿Cuánto tiempo va a tener que estar tomando esto?

El doctor se volvió hacia mi esposa. Y dijo:

—Si-em-pre —así, espaciado. Como si la palabra «siempre» no fuera lo suficientemente dramática.

Lo más probable era que tendría que tomar ese medicamento durante el resto de mi vida. Piensa en eso por un segundo antes de seguir adelante con la lectura.

Tomarla por el resto de mi vida. ¿Qué harías tú? ¡Te tomarías la maldita medicina! ¡Le darías a tu cuerpo una oportunidad para ganar! ¡Vivir! ¡Criar a tus hijos! ¡Cambiar el mundo!

¿Qué harías tú para vivir?

Esto. Esto es lo que hago. Médicamente, es lo que probablemente haga por el resto de mi vida.

Cada noche, antes de dormir, voy al cuarto de baño. Tomo el frasco de pastillas, las vierto en la palma de mi mano. Cierro los ojos y digo: «Querido Dios, por favor, haz que este medicamento mate mi cáncer». Algunos días, añado la condición: «Y, por favor, si es posible, minimiza los efectos secundarios». La mayoría de las veces no añado esto a la oración. Yo sé qué es lo realmente importante.

Y a través de este caos medicinal y los efectos secundarios, voy a darme un respiro. Voy a empacar el almuerzo de Emma. Voy a escribir una *nota de amor* en una servilleta. Y voy a conectarme con ella una vez más.

Empacar. Escribir. Conectar. Repetir.

Está bien si tienes un trabajo que esté un poco por debajo de tus habilidades.

Uno de los mejores subgerentes trabajó conmigo en Circuit City Express en Copley Place. Alan Ware era sencillamente una persona fenomenal y un gran subgerente. Sé que le ofrecieron muchas promociones para convertirse en gerente de una de las tiendas. Pero él se sentía feliz trabajando como asistente y no le interesaba la responsabilidad adicional (¡Fastidio!) que viene junto con ser gerente de tienda. Él quería tener tiempo para cultivar su pasión por la música. Era un baterista fantástico.

Respeto de veras la decisión de Alan de rechazar las ofertas de promoción que se le hicieron. Él sabía lo que quería de su trabajo y estaba completamente satisfecho de ser un subgerente, a pesar de estar más que calificado para ser gerente.

A medida que crezcas, vas a ir descubriendo que tienes dos manos. Una para ayudarte a ti misma y la otra para ayudar a los demás.
—Audrey Hepburn

CAPÍTULO 20

Fuerzas de apoyo

Estar a solas con nuestros pensamientos puede ser peligroso, especialmente para un paciente de cáncer.

Cuando me diagnosticaron cáncer la primera vez, estaba solo. Oí las temidas palabras: «Usted tiene cáncer» y el resto de la cita se desarrolló a paso de tortuga. Aunque se dijeron un montón de cosas, lo concreto es que se establecieron los planes iniciales. Yo, no podía oír nada. Estaba absolutamente solo. No había nadie en quien apoyarme. Nadie que escuchara lo que decía el doctor. Nadie que me tomara de la mano. Salí de la consulta del médico y abandoné el edificio. Me subí al auto y conduje hasta mi casa. Solo. Lissa y Emma no estaban. Seguía estando solo.

Aquella tarde, permanecí solo unas tres horas. No he estado solo desde entonces.

Toda mi familia tiene cáncer. Las células cancerosas están solo en mi cuerpo, pero el cáncer nos está afectando a lo largo y a lo ancho. Lissa, Emma, mi madre y mi hermana han sentido el horrible impacto de esa enfermedad. Todos nos sentimos enfermos. Todos estamos igualmente preocupados. Vamos

juntos a las citas médicas. Esperamos juntos los resultados.
Ahora que estoy tomando la medicina, hemos tenido días malos
juntos. Cuando los resultados de la imagen de resonancia
magnética son buenos, celebramos juntos.

Estoy rodeado por cuidadores. Sin ellos, no sé dónde estaría.

Primera fuerza de apoyo: Emma

Cuando me dieron el primer diagnóstico, pensé que Emma lo
había tomado bastante bien. La conversación inicial fue cruda.
Se expresaron temores y corrieron algunas lágrimas. Tenía que
asegurarme de que ella entendiera lo que significaba el cáncer
desde un punto de vista práctico, además de incluir una
explicación médica. Después de eso, parecía ser una Emma
bastante normal. No había miradas de miedo o de gran preocupación en su rostro.

No sabía que ella y Lissa estaban escondiendo las preocupaciones de Emma sobre mí. No había mala intención al
hacerlo. Tuve que esperar unas seis semanas hasta mi primera
cirugía. Ellas sabían que yo estaba estresado y que tenía un
montón de mis propios miedos, por lo que me acobijaron y
fueron mi refugio.

Emma y Lissa se acurrucaban juntas al acostarse. A
menudo me habría gustado meter la cabeza en la habitación y
darle a Emma un beso de buenas noches, pero no quería
interrumpir su tiempo juntas. Más tarde, supe que hablaban de
mí, del cáncer, de la cirugía y de las diversas preocupaciones en
torno a lo que estaba ocurriendo en la familia.

Sé que Emma se ha sacrificado debido a mi batalla. No he tenido el nivel de energía al que ella estaba acostumbrada. He perdido oportunidades de jugar con ella. Ella no ha recibido una asignación periódica en más de dos años. La inscribimos tarde para que participara en el equipo de sóftbol y no pudo entrar en la lista de espera. (Al final todo se arregló porque nos unimos a un equipo local que resultó *fantástico*. «¡Aupa, Rockville!»).

Últimamente, ella ha aceptado mi batalla y está ayudando en la lucha. Sus peores días son aquellos en que me siento mal. No le gusta cuando me ve sufrir, lo que la hace sentirse incapaz de ayudar. Se preocupa por mí. Siempre está lista para cubrirme con una manta, conseguirme una bebida o perder nuestro tiempo juntos a la hora de acostarse sin quejarse. Es humillante perder la oportunidad para arroparla porque estoy demasiado cansado y ya en la cama. En esas noches, ella me arropa y me da un beso de buenas noches. Durante catorce años fui yo quien la arropé. Ahora me arropa ella. No estoy preparado para que mi hija me cuide, pero todos hemos tenido que hacer ajustes a raíz de esta enfermedad.

Emma también me ha permitido que cuente nuestra historia e incluso me ha acompañado cuando he tenido que hacerlo. Ni siquiera puedo expresar lo que siento al ver a mi hija de catorce años no solo aparecer en la televisión nacional con aplomo y gracia, sino respondiendo con una calma sorprendente preguntas desgarradoras acerca de lo que va a hacer sin mí. Emma se ha convertido en alguien a quien admiro y que me asombra.

Segunda fuerza de apoyo: Colleen

Mi hermana, Colleen, y yo nunca fuimos muy cercanos en nuestro periodo de crecimiento. No podría decir por qué. Nuestra diferencia en edad es muy leve: solo dos años y medio, pero yo tenía un comportamiento bastante difícil de seguir. A menudo, nuestros padres nos obligaban a jugar juntos, para lo cual nos daban juguetes complementarios. Yo recibía un muñeco del hombre de los seis millones de dólares (*Six Million Dollar Man*) y Colleen recibía el centro de control de la misión hecha para Steve Austin. Estas tácticas a menudo terminaban en resultados desastrosos, lágrimas y una que otra contusión.

Una vez, mientras estábamos pintando las paredes de mi habitación de otro color, caminé detrás de ella y le pasé el mango de mi brocha por su espalda. Puse unas cuantas gotas de pintura en las cerdas para que pareciera que le había pintado la espalda. Ella se volvió hacia mí y me pintó el pecho con un poco de pintura. Hice como que me enfurecía y le dije que solamente había fingido que le pinté la espalda. Le grité: «¡Se lo voy a decirle a mamá!». Ella, inmediatamente, llenó su brocha de pintura y procedió a pintar su blusa de arriba abajo mientras me rogaba que no le dijera nada a mamá.

Me alegra poder decir que mi relación con Colleen maduró y se fortaleció a medida que crecimos. Es raro el día cuando no nos comunicamos con mensajes de texto. Siempre compartimos fotos de nuestros hijos. Yo realmente disfruto siendo su hermano. Descanso en ella para apoyo mental. Ella siempre está lista para levantarme el ánimo. Me gustaría que viviéramos más cerca. Solo podemos vernos aproximadamente una vez al año y eso no es suficiente.

Sé que mi batalla la ha afectado seriamente. Ni siquiera sé el alcance de su dolor. Ella siempre se emociona cuando tenemos que separarnos después de una visita pero, desde que tengo cáncer, esas despedidas son más punzantes y llorosas. Ella es mi apoyo número uno en cuanto a la camiseta de *La guerra de las galaxias*. No podría decir cuántas tarjetas y cartas he recibido de ella. Sé que ella y su esposo, Rob, harían cualquier cosa para apoyarme y conseguir mi sanidad.

Tercera fuerza de apoyo: Mamá

No tengo dudas de lo difícil que debe ser para una madre ver a un hijo, de la edad que sea, batallando contra el cáncer. Traté de evitar que mi mamá se enfrentara a una carga excesiva mientras librábamos esta batalla, especialmente ante la reciente partida de mi padre. Pero ella ha asumido su parte en esta lucha como si yo fuera todavía su hijito, viviendo en su casa y cursando el cuarto grado.

Por desdicha, ha tenido que ver casi todo desde la barrera. Porque ha habido muy poco que pudiera hacer de manera activa. Trata de levantarme el ánimo cuando me ve luchando y allí está cuando las cosas van bien.

Mi madre aún vive en mi pueblo natal de Port Leyden, Nueva York. Port Leyden es una comunidad muy unida. Así tiene que ser. No tiene más de seiscientos habitantes. En 2013, poco después de mi tercer diagnóstico, mencionó algo en el sentido de que estaba pensando organizar una subasta a mi beneficio. Yo no entendí bien a qué se refería, pero me dijo que todo lo que tenía que hacer era ir a Port Leyden cuando me sintiera lo suficientemente saludable.

Yo tenía mis dudas en cuanto a buscar allí algún tipo de ayuda. Port Leyden no es una comunidad acomodada. ¿Cómo iba yo a pedirle ayuda a esa gente? Había seguido con la esperanza de que de alguna manera se acabarían las facturas médicas que no dejaban de amontonarse. Eso no sucedió. Ni iba a suceder. Mis médicos estaban convencidos de que yo iba a tener que luchar contra el cáncer por el resto de mi vida.

Sin embargo, mi mamá estaba ansiosa por poner a trabajar su energía. Yo no sabía si tenía algo adelantado al respecto. Hablé con ella y le dije que recibiría la ayuda y que haría todo lo posible para volver a Port Leyden cuando me sintiera bien.

Ella y Colleen comenzaron a trabajar en el asunto. Hasta hoy, todavía no sé todo lo que hicieron para sacar eso adelante. Se pasaron unos tres meses planeando la subasta. Formaron un comité de una docena de personas entre amigos de la escuela secundaria, vecinos y miembros de la iglesia. De vez en cuando, mamá me pedía mi opinión sobre algo relacionado con la actividad. En un momento y cuando recién había empezado a tomar el medicamento de terapia adyuvante y estaba luchando contra varios efectos secundarios, me pidieron que me mantuviera al margen. Que me esperara y que me llevaría una sorpresa cuando llegara a Port Leyden. Yo confiaba que ellas estuvieran manejando todo bien.

Llegó el día cuando volé a casa de mi madre en Port Leyden. Era la noche antes del evento. Fue un largo vuelo que se transformó en un viaje de noventa minutos en coche desde el aeropuerto a un hotel local. (El Hotel Edge. ¡Te hospedarás ahí! El propietario, Tracy Hurilla, y su personal hacen de ese hotel el mejor lugar para alojarse en todo el norte de Nueva York. Es el favorito de Emma. Incluso escribió un ensayo sobre él).

Ya instalado en el hotel, me desperté el sábado temprano. Muy temprano. Desayuné en el *lobby* y aproveché la tranquilidad de la mañana para escribir un poco. Todavía estaba oscuro afuera. Era mi momento favorito de la mañana. Por desgracia, era demasiado para alguien que se encuentra luchando contra el cáncer, así que tuve que volver a la cama después de un par de horas. Mamá llegó a visitarme antes que la actividad se pusiera en marcha. Pero yo estaba dormido. No me puedo imaginar cómo se sintió teniéndome a unos cuantos pasos de ella pero tan profundamente dormido que ni siquiera la oí llamar a la puerta.

Después que volví a despertar y me serví un segundo desayuno, estaba listo para conducir las pocas millas de regreso a Port Leyden. Fue algo surrealista llegar a la estación de bomberos, un sello distintivo de mi infancia. La estación de bomberos servía como centro comunitario para nuestro pequeño pueblo. Es el lugar donde se encuentra la piscina pública, donde se celebran los juegos de las Pequeñas Ligas de béisbol, y donde se llevan a cabo muchos de los eventos importantes. El letrero que pusieron en la entrada decía: «26 de abril. A beneficio de Garth Callaghan». Esa fecha también es el cumpleaños de mi madre. Estaba seguro de que había planeado tener la actividad en esa fecha porque yo estaría en casa para celebrar con ella.

En cuanto entré en el amplio vestíbulo del salón, me encontré con Colleen. Nos abrazamos y charlamos un poco. Estaba impresionado y abrumado por la cantidad de artículos donados para la subasta. Había cientos de cosas y más alimento de lo que se alcanzara a comer. Había de todo, desde un taburete artesanal con una cita de *La guerra de las galaxias* grabada en la parte superior a un librero con forma de canoa. Había cestas de vino para regalo, una cesta con motivos canadienses y un libro de cocina de Rachael Ray con una foto de ella debidamente autografiada. ¿De verdad? ¿Mi madre se había puesto en contacto con ella para que donara algo para la subasta? No podía imaginarme a mi mamá haciendo eso y mucho menos a Rachael Ray ofreciendo algo.

Di unas cuantas vueltas por el salón antes de que mamá me viera. Estuvo a punto de tropezar e irse de bruces cuando quiso cruzar velozmente el salón lleno de gente para encontrarse conmigo. Esa fue la primera vez que Colleen y mamá me vieron con mi nuevo pelo blanco, un efecto secundario de la medicina que estaba tomando. Ella me abrazó fuertemente y no quería soltarme. Fue un reencuentro agridulce. Yo estaba contento por estar allí, pero humillado por la razón por la que había vuelto a Port Leyden.

Mientras echaba una mirada por el salón, mis ojos se posaron en una gran manta que colgaba al fondo de la sala. Al acercarme para verla mejor me di cuenta de qué se trataba, pero mi mente se resistía a aceptar lo que veían mis ojos. Era una manta con cientos de cuadraditos del tamaño de una servilleta y en cada uno de esos cuadraditos se había adherido una cita de mis *notas de amor*. Era la primera vez que veía un tributo al movimiento de las *notas de amor*. Mis ojos se llenaron de lágrimas. Aquello era hermoso, y no me pude imaginar el esfuerzo que se habría requerido para crear esa obra maestra.

Las siguientes siete horas las recuerdo como en una nebulosa. Fue un largo día. Concurrieron a la subasta cientos de personas; entre ellos había compañeros de la escuela secundaria; amigos de Port Leyden, gente de la iglesia y de pueblos cercanos; antiguos profesores e incluso amigos de la familia que habían viajado desde Canadá. Charlé con personas a las que no había visto en años. Hice nuevos amigos. Parientes cercanos vinieron de todo el estado. La subasta duró horas. Yo tenía que sentarme. Comer. Pero no hice ninguna de las dos cosas. Mi tía Ruth trató de ayudarme a hacerlo, pero no podía mantener sus ojos en mí todo el tiempo.

Al fin, un poco después de las seis, empezamos a limpiar todo. Mi cansancio y las náuseas habían desaparecido.

Cuando todo hubo terminado, di las gracias a cada uno y me despedí. Volví al hotel y, mientras conducía, pensaba en lo que había sido el día. Pensé en las personas que fueron a la subasta. En los que se ofrecieron como voluntarios para ayudar; en los que donaron su tiempo, sus capacidades y las cosas de valor que se habían subastado. Y que todo eso había sido hecho para mí y mi familia. Lloré. Me conmoví más allá de las palabras. Y por primera vez en muchos años, me alegraba la posibilidad de poder pagar mis cuentas médicas.

¿Me creerían si les dijera que la subasta organizada por mi mamá y mi hermana produjo alrededor del setenta y cinco por

Querida Emma: Asegúrate de que tus amigos sepan cuán importantes son para ti. Te amo. Papá.

ciento del total de lo que debía en cuentas médicas? Todavía no lo puedo creer.

No hay palabras con que agradecer eso.

Cuarta fuerza de apoyo: Lissa

Por supuesto, mi apoyo principal ha sido Lissa. Ella ha tenido que hacer muchos ajustes en su vida para adaptarse a mi batalla. Sé que ha habido ocasiones en que su agotamiento ha ido más allá de lo imaginable. La verdad es que no sé cómo se las ha podido arreglar para controlar el día a día e ir siempre adelante.

Ha mantenido a nuestra familia funcionando. Se ha ajustado a la normalidad de un nuevo estilo de vida una y otra vez. Ha mantenido el espíritu de nuestra hija siempre arriba. Lo mismo ha hecho conmigo. Cuando estoy por el suelo física y mentalmente, ahí está ella para levantarme. Hace por lo menos un año que no corto el césped. Desde que nos casamos, esa siempre fue mi tarea. Sin una queja, sin un comentario, Lissa comenzó en silencio a hacer lo que yo no podía seguir haciendo. ¡Cómo no voy a estar agradecido con ella!

Estaba conmigo en la consulta del doctor Swainey cuando me dijo que fallecería por el cáncer renal. Ella escuchó esas palabras en el mismo momento que yo. Por un segundo, no pude respirar. Era la primera vez que Lissa oía esas palabras dichas tan directamente. El golpe emocional que recibió fue tal, que prefirió interpretar las palabras del médico como que estaba diciendo: «Vamos a ver esto de manera diferente.

Encontraremos otra solución». Pero yo no había oído eso.
Gracias a Dios que ella estaba allí.

Hemos encontrado una nueva normalidad. Lissa realmente se preocupa por mí y vela por mis mejores intereses.
Ella conoce los efectos secundarios de mi tratamiento y está
en sintonía con cada uno de ellos. El otro día estaba sentado
en el banquillo viendo jugar a Emma. Las gradas estaban a
pleno sol, de modo que ni pensar que podría sentarme allí
con los demás padres. Así que seguía el juego desde el banquillo que está cubierto. De repente, empecé a sentirme
mareado. Fue algo absolutamente repentino. Antes de que me
diera cuenta, Lissa estaba a mi lado con un puñado de uvas y
una botella de agua. No sé cómo llegó tan rápido desde las
gradas donde se encontraba ni cómo pudo darse cuenta en un
segundo que yo no estaba bien. ¡Gracias a Dios que estuvo
allí en el momento preciso!

Ella siempre está conmigo. Me siento increíblemente triste
por haber echado sobre ella una carga tan pesada. Se merece
algo mejor. Sin embargo, ella no piensa en eso. Sabe que su
compromiso cuando nos casamos en la funeraria de papá fue
para toda la vida. Para bien y para mal. Espero que en los años
que vienen tengamos muchos «para bien».

Mi vida sería completamente horrible si tuviera que
enfrentar esto solo, sin una familia que me socorra. Soy más
que afortunado porque a través de todo esto he tenido cuatro
rocas debajo de mí, manteniéndome firme, dándome estabilidad
y apoyándome. Estoy eternamente agradecido.

Estas son las cosas que valen. Si este fuera mi último día en la tierra, ¿pensaría en los trabajos que he tenido, en los libros que he leído, en el dinero que he ganado o incluso en las *notas de amor* que he escrito en servilletas? No. Pensaría solo en las personas amadas, en las relaciones que han llenado mi vida. En la niña que, de alguna manera, ya es una joven.

Querida Emma: Esta semana va a ser asombrosa. No te olvides de hacer tu parte. Te amo. Papá.

CAPÍTULO 21

Querida Emma

Aunque cada fase en la vida de Emma ha tenido sus desafíos propios y exclusivos, todos han sido relativamente fáciles. Cuando era niña, Emma no durmió la noche completa, sino hasta los dieciocho meses de edad. La mayor parte de los días yo me iba tranquilo a la oficina, pues sabía que Lissa cuidaría de ella, aunque por las noches no hubiera descansado lo suficiente. En realidad, creo que esa fase ha sido la más difícil para nosotros. Y diría que hemos sido muy dichosos. Hemos tenido algunos problemas menores, pero nada fuera de lo normal en la cría de un hijo.

Y de pronto, Emma se convirtió en adolescente. Esperábamos una tormenta. Nos habíamos preparado para cuando llegara. Y todavía la estamos esperando. A menudo pienso en las noches cuando la mecía para que se durmiera deseando que se quedara pequeñita. Aun con toda la preparación pertinente a situaciones como esta, ¡cómo hubiese querido que mi niña se quedara siendo siempre mi niñita! Desde luego, no estoy listo para dejarla ir a la universidad.

Aunque quisiera que se quedara para siempre como mi pequeña niña, sé que es mi labor prepararla para cuando se convierta en una persona adulta. Y no quiero que solo llegue a ser alguien común y corriente. Quiero que sea extraordinaria, equilibrada, elegante, humilde y notable. Que sea capaz de contar su propia historia y que a los demás les guste oírla.

Recientemente, la hemos dejado que tome algunas de sus propias decisiones. Es lo pertinente. Después de todo, ya tiene catorce años. ¡No lo puedo creer! ¡Caramba, en un año va a poder obtener su licencia de conducir! Debe ser capaz, por lo tanto, de tomar decisiones acerca de su vida. Mi padre no ayudó mucho con la toma de decisiones. A menudo decía: «Ya tengo suficiente con mis propios errores. No voy a responsabilizarme también de los tuyos». Aunque siempre me gustó tomar mis propias decisiones, hubo momentos en que realmente necesité que mi padre me corrigiera, me aconsejara y me mostrara una dirección diferente. En cuanto a Emma, he hecho todo lo posible para permitirle que tome sus propias decisiones y guiarla cuando he sentido que lo necesitaba.

Ha habido ocasiones en que ha tenido que tomar decisiones por sí sola. Nosotros no siempre estamos cerca de ella. Y esperamos que lo haga lo mejor posible.

Hace solo unas semanas, tuvimos nuestra primera prueba en este sentido. Ella estaba sola e hizo una mala elección. No se preguntó cómo habría querido su papá que ella decidiera. Yo me sentí muy decepcionado. Me cuestioné mi papel como padre y me pregunté dónde estaba mi error. Soy consciente de que muchas veces los adolescentes son atrapados en su propio mundo y no piensan en los demás, pero esa situación se me hacía difícil de aceptar. Me sentía herido y la verdad es que no sabía cómo reaccionar.

Emma se me acercó con mucho cuidado. Sabía que yo estaba decepcionado. Evitó mirarme a la cara. La verdad es que no quería hablar conmigo. Creo que pensaba que yo estaba enojado. Pero no lo estaba, estaba desesperado por obtener alguna orientación que me ayudara a actuar como padre en esa situación. Ninguno de los dos sabía cómo actuar respecto del otro.

Mi padre no estaba cerca para aconsejarme y yo necesitaba consejo paterno. Estaba reflexionando seriamente sobre lo acontecido cuando, de pronto, todo encajó en su lugar. No sé por qué hice tan grande ese problema. No debía haberlo hecho. En lugar de eso, debía haber estado orando. Pensé en el único «padre» que me quedaba. ¿Y si hubiera decepcionado a Dios? ¿Cómo reaccionaría él y cómo habría deseado que reaccionara yo?

Dios siempre ha estado a mi lado. Nunca se ha alejado de mí. Ni lo hará. Nunca se alejará de Emma. ¿Cómo podría comunicarle a ella esto en la mejor forma posible? Recuerdo una vez cuando tendría unos siete años. Se me metió en la cabeza que mi familia era muy injusta conmigo y me fui de la casa. Fue, sin embargo, una escapada muy corta. Después de esa aventura, alguien me regaló un libro con la historia del hijo pródigo. La historia trata de un muchachito que le pidió a su padre que le anticipara la parte de la herencia que le correspondía. El padre se la concedió y el muchacho se fue de la casa malgastando todo lo que había recibido. Cuando ya no tenía nada, avergonzado, decidió regresar a la casa de su padre. Pensó en humillarse y decirle que lo aceptara como uno de sus trabajadores. Pero su padre, al verlo regresar, corrió a recibirlo, le dio la bienvenida y mandó a preparar un gran banquete en honor del hijo que había vuelto a casa. Su hermano mayor se enojó con su padre por haber hecho eso, pero el padre le dijo: «Hijo, tú siempre estás conmigo y todas mis cosas son tuyas. Mas era necesario hacer fiesta y regocijarnos, porque este tu hermano era muerto y ha revivido, se había perdido, y es hallado» (Lucas 15.31-32 RVR1960).

¿Cuántas veces en mi vida me he alejado de Dios? ¿Alguna vez se habrá él alejado de mí? No. Él siempre estuvo esperando mi regreso y se llenaba de alegría cuando volvía.

Hice una copia de esos versículos y le pedí a Emma que los leyera. Después de dejarla que absorbiera el material, me senté con ella y le expliqué lo que significaba toda la historia. Hay muchos matices en las palabras, el lenguaje y las frases. Le di mi propia interpretación. El padre era Dios y el hijo, nosotros los seres humanos. Dios siempre está presente para apoyarnos, no importa el mal que hayamos hecho. Solo tenemos que dar la vuelta, regresar a casa y pedir.

Sí, ella había cometido un error. Probablemente cometería más. Sí, sus acciones podrían, de vez en cuando, decepcionarme.

La miré a los ojos. *Siempre* te amaré. *Siempre* estaré contigo. *Siempre* te apoyaré.

Siempre me tendrás.

Fue una muy buena conversación. Creo que entendió mi punto de vista como su padre que soy. No empecé a hablar con ella acerca de eso. Lo que quería era hablarle sobre opciones y comportamiento.

Creo que alcancé el fin que me propuse.

¡Qué maravillosa sería la vida si pudiera sentarme en la mecedora cada noche alrededor de las diez, para darle su biberón y mecerla hasta que se durmiera!

No cambiaría eso por nada.

Querida Emma: Haz de tu vida una historia digna de ser contada. Te amo. Papá.

CAPÍTULO 22

Lista para verificar los puntos vitales de Emma

A través de todo este libro aparecen pequeñas lecciones sobre la vida. Están dirigidas a Emma. Eso es porque en lugar de escribir un capítulo con una lista de todas las cosas que querría hacer antes de morir, he creado una «lista de vida» para Emma. Una lista de todas las cosas que quiero que ella experimente en la vida. Las cosas que quiero que aprenda a lo largo del camino. Algunas son grandes; otras son pequeñas. Pero son las cosas que quiero que ella conozca.

Es obvio que me habría gustado no hacerlo de la manera en que lo estoy haciendo. Me gustaría saber con certeza que voy a estar con ella siempre. Para acompañarla por la vida. Para hablar con ella en cuanto a cuál universidad ir. Asesorarla con respecto a qué tipo de amistades desarrollar con el paso de los años. Para ayudarla a escribir sus ensayos de admisión universitaria. Para hacerle preguntas relacionadas con su primera entrevista de trabajo.

Pero todos sabemos que puede que ello no sea posible.

No me gusta pensarlo, pero debemos reconocer que tal posibilidad existe.

Las *notas de amor* no tratan con el hecho de morir. Las *notas de amor* son acerca de vivir. Se trata de comunicar lecciones importantes a nuestros hijos. De informarles día a día lo mucho que nos interesan. Se trata de darnos cuenta del poder que tenemos todos los días para sobresalir. No se puede pensar que no son más que unas pocas palabras escritas en un trozo de papel. Son más que eso. Espero que este libro lo demuestre.

Dejemos de perder el tiempo. Dejemos de disculparnos. ¿Quién es más importante para ti? ¿Les dices todos los días que los amas? ¿Qué estás enseñándoles a tus hijos? ¿Qué valores les impartes? ¿Apartas el tiempo para escribir una nota? ¿Para mantener una conversación? ¿Para olvidarte del celular, apagar el televisor y buscar la manera de conectarte? ¿Cada día?

Lo de las *notas de amor* en una servilleta es algo sencillo. Yo no soy alguien extraordinario. De alguna manera me he provisto de una plataforma para recordarnos cuán sencillo es esto. Se trata del amor. Se trata de la comunicación. Se trata de hacer pequeños esfuerzos que tienen un gran significado.

¿Me acompañarás? ¿Vas a ser un padre de *notas de amor*, una madre de *notas de amor* o una esposa o esposo de *notas de amor*?

Esto es lo que importa. Nada más.

Lista de vida para Emma

1. Aprende a aceptar las críticas con gracia.
2. Aprende a hacer un brindis.

3. Ten un jefe que te guste.

4. Sé radiante.

5. No dejes de aprender.

6. No temas renunciar.

7. Ama a alguien aunque sepas que no va a funcionar.

8. Da dinero.

9. Tu pareja no debe ser tu razón para vivir.

10. Recibe los regalos con dignidad.

11. Aprende las funciones básicas del automóvil.

12. Tu peinado no te hace lo que eres.

13. Disponte a aprender de tus mayores.

14. Da regalos significativos.

15. Haz siempre lo mejor que puedas.

16. No excedas los límites de velocidad.

17. No bebas y conduzcas. Nunca.

18. Siéntete cómoda usando el transporte público.

19. Piérdete en un país donde no conozcas el idioma.

20. Tú sola eres la responsable de tu felicidad.

21. No compares tus éxitos o fracasos con los de los demás.

22. No llegues tarde a las clases.

23. Lee la bibliografía recomendada.

24. Trabaja a tiempo parcial para pagarte la universidad.

25. Haz amigos improbables.

26. No seas codiciosa.

27. Trabaja como camarera.

28. Traba amistad con el propietario de un restaurante.

29. Aprende a preparar un cóctel insigne.

30. No comas helado a menos que sea tu sabor favorito.

31. No uses drogas.

32. Acepta tus sentimientos.

33. Controla tu comportamiento. No puedes controlar tus sentimientos, pero no dejes que te conduzcan a malas decisiones.

34. Deja descansar el teléfono.

35. Las cosas no son más que eso, cosas.

36. Mira a los demás a los ojos. Da un apretón de manos firme. Abraza cuando sea apropiado.

37. Mantén un ahorro para seis meses de gastos.

38. No te acuestes con cualquiera.

39. Pierde con elegancia y luego aprende. Gana con más elegancia aún.

40. La vida es demasiado corta para trabajar para un idiota.

41. Si no puedes hablar de algo, no lo hagas.

42. Aprende a tocar bien un instrumento.

43. Adáptate al mundo digital.

44. Aprende a perdonar.

45. No te rindas.

46. Defiende a otras personas.

47. Haz algo de ejercicio físico cada semana. Esto no es una opción.

48. Aprende a decir no.

49. Aprende a decir sí.

50. Aprende a guardar silencio.

51. Avisa cuando veas que vas a llegar tarde.

52. Usa condones.

53. Sé siempre optimista.

54. Aprende a decir «me equivoqué».

55. No te odies por las mañanas.

56. Dale a un amigo tu último dólar.

57. Eres una líder, así que lidera.

58. Forma un equipo mejor que tú.

59. Está bien si tienes un trabajo que esté un poco por debajo de tus habilidades.

Querida Emma: Me encanta verte jugar.
Te amo. Papá.

Epílogo

Soy la única persona revoloteando por la casa tan temprano esta mañana. Todavía está oscuro y siento el frío del piso de la cocina mientras voy a prepararme mi primera taza de café. El calor de la taza suaviza la rutina de la madrugada. Abro la nevera para sacar la comida para el almuerzo. Hay fruta fresca en un compartimiento. También un poco de mermelada de fresa casera en un frasco. Lavo la fruta, la pico y esparzo la mermelada en una tostada con mantequilla de maní. El agua fresca es insustituible. El almuerzo no estaría completo sin este pequeño capricho. «¿Debo incluir una galleta?», pienso en voz alta. Decido que una galletita no va a perjudicar a nadie. Siempre preparo y acomodo el almuerzo en la lonchera, con todo mi amor. Muchos considerarían este almuerzo completo, pero yo no.

El momento de la verdad ha llegado. Siempre he sentido unos dos segundos de temor ante una servilleta vacía. Tomo una pluma, la misma que he usado por años para escribir innumerables *notas de amor* para mi hija, Emma. Me tomo un sorbo de café mientras contemplo las servilletas blancas, vacías. Hago una pausa. ¿Habrá hoy algo especial en la escuela? No lo sé. Me sirvo una segunda taza de café y empiezo a escribir...

«¡No te olvides de ser SENSACIONAL! Tú eres una de las chicas más maravillosas que conozco y estoy muy orgulloso de ti».

Ese es un buen mensaje para el día. Sonrío y espero que haga un gran efecto.

Saco una segunda servilleta y escribo: «¡Haz más de lo que te hace sensacional! ¡Te amo!». Me encanta usar la palabra «sensacional» tan a menudo como puedo en las *notas de amor*.

Oigo unos pies saltando por las escaleras mientras termino de doblar las servilletas.

—¿Qué haces, abuelo?

—Oh, solo terminando de preparar tu almuerzo. Preparé uno para tu hermano, también. Me alegra mucho estar aquí en tu primer día de clases este año. ¿No te emociona?

—Sí, creo que la secundaria será muy divertida. ¡Ya estoy lista para las grandes ligas! —bromea ella.

Le entrego sus almuerzos a cada uno de mis nietos y les doy un beso de despedida.

Emma me sonríe y dice:

—Vuelvo en unos minutos, papá.

Me besa en la mejilla y sale con sus hijos a la escuela.

LAS MEJORES CINCO *notas de amor* DE EMMA

He recibido tantas *notas de amor* escritas en servilletas a lo largo de los años que es difícil escoger mis favoritas. Sin embargo, a continuación encontrarán algunas que sobresalen. Por lo general, tienden a gustarme más aquellas que tienen citas y que me hacen pensar. A menudo, las citas a primera vista parecen simples pero cuando te detienes a pensar en ellas, descubres que tienen escondido algo más profundo.

A pesar de que nunca esperamos que mi papá escribiera un libro sobre las *notas de amor*, me alegra que haya algo en el mundo que mi papá y yo hemos hecho juntos. No creo que eso sea lo último que haga pero, en definitiva, es algo muy especial.

Más que cualquiera otra cosa, quiero darle muchas gracias a mi papá. Aun cuando él es el único en este momento que no tendría por qué ser fuerte, es el único que lo ha sido a lo largo de esta situación. Estoy muy orgullosa de él.

Querida Emma: No puedes ganar
si no juegas. Te amo. Papá.

Recibí esta *nota de amor* poco después de que me seleccionaran para formar parte del equipo de sóftbol *Rockville All Stars*. El mensaje de esta cita nunca ha dejado de motivarme para ir a los entrenamientos o intentar hacer algo con todas mis fuerzas. Me ayuda a percatarme de que necesito recordar la sensación que experimento después de ganar un juego o tener una buena práctica. No puedo sentir eso a menos que juegue. Tengo que tomar la iniciativa para hacer que las cosas ocurran.

Querida Emma: ¿Recuerdas a aquella chica que miraba desde los columpios cuando Colin le decía: «¡Yo te voy a salvar, Emma!», y tú le respondiste: «¡Yo me voy a salvar a mí misma!»? Sé esa chica. Sé valiente. Te amo. Papá.

Mi papá siempre me ha alentado a ser fuerte, independiente y segura de mí misma. Esta nota me trae viejos recuerdos y me dice que no necesito que nadie me «salve». Refuerza mi confianza en mí misma y me recuerda que puedo ser una chica independiente que resuelve sus propios problemas y toma decisiones inteligentes... el tipo de hija que mi padre se ha propuesto que yo sea.

Querida Emma: A veces, cuando necesito un milagro, te miro a los ojos y veo que ya he creado uno. Te amo. Papá.

Me encanta esta nota no solo porque alienta mi confianza, sino porque me recuerda que puedo hacer que mi padre se sienta mejor; que soy capaz de influir en la perspectiva de mi papá sobre su vida y su salud. Esto es importante para mí porque sé que si él se siente bien físicamente podremos pasar más tiempo juntos. Me resulta difícil cuando noto que se encuentra mal por causa del medicamento que toma. Es tan fuerte que puede derribarlo y no me gusta verlo sufrir.

Querida Emma: Hemos tenido una semana de locos, pero no hay que olvidar que nos espera un fin de semana increíble. Te amo. Papá.

Esta nota me trae buenos recuerdos. La recibí después de uno de los viajes que mis padres y yo hicimos a Nueva York. Esos viajes eran muy divertidos; sin embargo, eran bastante estresantes porque estábamos prácticamente sin dormir y con un itinerario apretadísimo para aparecer en los programas de televisión. Todos nos aliviábamos cuando regresábamos a casa, de modo que cuando recibí esta nota durante el almuerzo me hizo esperar el fin de semana siguiente, cuando las cosas podrían volver a la normalidad. Me hizo sonreír al considerar que mi padre sabía que yo estaba cansada, por lo que me ayudó a superar un día duro en la escuela.

La vida no tiene que ser perfecta para ser hermosa. —Annette Funicello

---

Esta nota no es tan inspiradora para mí como las demás, aunque significa mucho para mí. No es una cita que se dirige directamente a mí, ni es una historia de mi infancia. Lo que hace que sea tan especial es que me da esperanza en cuanto a mi papá. Su vida ciertamente no es perfecta. Pero eso no quiere decir que no pueda sacar el máximo provecho de ella y superar el cáncer para hacerla hermosa.

- Si preparas un almuerzo para alguien, inclúyele una nota. Todos aprecian una nota con su almuerzo.

- Si tu hijo está comiendo, dale una servilleta. Usar servilletas es señal de buenos modales en la mesa.

- No tienen que ser pensamientos profundos los que se escriban en una nota en una servilleta. A veces es mejor comunicar un pensamiento sencillo o una idea.

- Escribir una nota de amor le dirá al receptor que estabas pensando en él o en ella. Y cuando la lea, estará pensando en ti. Es una buena dinámica.

- Prepara el almuerzo para tus hijos. No utilices demasiados productos envasados. Lava, mezcla, corta y envuelve tú mismo. Eso te conectará con la comida. Y te conectará con tus hijos cuando se la coman.

- Comprar almuerzo ya hecho es la última opción. Es mucho más difícil incluir una nota si tu hijo compra el almuerzo en la escuela. Su almuerzo preparado en casa tendrá mejor sabor a la vez que es una opción más saludable.

- Escribe notas para tus hijos que aún no saben leer. Nunca es demasiado temprano para empezar. Dibuja estrellas y corazones. Puedes utilizar palabras básicas que comunican los valores de la familia como «amor» y «felicidad».

- Nunca se está demasiado ocupado para escribir una nota. Te tomará menos de cinco segundos escribir «Te amo».

CÓMO ESCRIBIR UNA *NOTA DE AMOR* EN UNA SERVILLETA

ontemplar una servilleta en blanco puede resultar arduo. Lo entiendo. Es temprano en la mañana y posiblemente aún no has tenido tu recomendada porción de cafeína diaria.

Es importante que reconozcas el significado de tu motivación para escribir una nota. ¿Qué quieres que sea lo que el lector reciba? ¿Qué necesita recibir?

Para mí, el primer paso es decir una breve oración. Si no oras, está bien; simplemente toma un momento y piensa en cómo puede esta servilleta transformarse en algo más que una simple nota.

Yo escribo dos tipos básicos de *notas de amor*, de modo que la que utilices será personal.

El primer tipo es una cita motivadora. Las encuentro en todas partes. Soy un ávido lector y presto atención a cosas que podrían ser una buena *nota de amor* para Emma. La cita debe ser significativa para el día. No olvides darle el crédito al autor. En este libro, en nuestra página web y en nuestras páginas de los medios sociales hay un sinnúmero de ejemplos.

Si al principio tu hijo es reacio a recibir una nota de mamá o papá y no quiere sentirse incómodo, intenta escribir un código.

- *Oculta una nota en la parte inferior de una lonchera de papel.*

- *Usa siglas, como QLFTA (Que la fuerza te acompañe) o NOQEE (No olvides que eres excepcional).*

- *Escribe pequeñas notas en el exterior de una servilleta. Algo motivador puede ser: «Lo que se tiene en el interior es lo que importa» y luego, en el interior de la servilleta: «¡Eres excepcional!».*

Para mí, el segundo tipo de *notas de amor* es el más importante. Es muy personal. Este es el que realmente conmueve tanto el esfuerzo como el corazón. He aquí cómo empiezo:

«Querida Emma: Estoy muy orgulloso...».

Y luego escribo de qué estoy orgulloso. No puedes simplemente decir que estás orgulloso; tienes que decir por qué y dar un ejemplo claro, concreto.

Así es como yo podría terminar esta *nota de amor*:

«Querida Emma: Estoy muy orgulloso por la forma en que juegas sóftbol. Eres una jugadora entusiasta y una gran deportista. Me encanta verte jugar. Te amo. Papá».

Dobla la servilleta por la mitad, dejando lo escrito por dentro y colócala delicadamente en la lonchera.

Sonríe. Acabas de hacer tu parte para conectarte con alguien hoy.

e siento privilegiado al tener una oportunidad diaria para escribirle una *nota de amor* a Emma. Hace
mucho tiempo que pensé que un almuerzo prepa-
rado en casa era la mejor opción para ella. Estoy convencido de
que, incluso cuando agrego un elemento no tan saludable, como
un caramelo o una galleta, su almuerzo tiene menos calorías
y más alimentos no procesados que lo que pudiera conseguir
comprándolo en la escuela. No es fácil. No me mal interpreten.
Mirar en la despensa y abrir el refrigerador cada mañana para
ver qué hay a fin de «componer» el almuerzo es tan difícil como
contemplar la servilleta en blanco y decidir qué se va a escribir
en ella. Ambas acciones: «componer» el almuerzo y escribirle la
servilleta demandan esfuerzo. A veces hacer estas dos cosas me
consume toda la energía de que dispongo a esa tan temprana
hora de la mañana.

¡Pero vale la pena!

Seguimos avanzando hacia un mundo más digital. Nos
encantan nuestros teléfonos inteligentes y sus aplicaciones. Las
notas manuscritas están adquiriendo un significado mayor del
que han tenido tradicionalmente. Una nota escrita a mano es
tangible. Una nota escrita a mano puede guardarse. Escribirla y
leerla exige tiempo y esfuerzo. La nota manuscrita lleva

implícito un significado profundo. El autor se toma su tiempo para crearla y escribirla. El receptor se toma su tiempo para leerla y absorber su significado. Es una gran dinámica.

Las *notas de amor* no necesariamente tienen que escribirse en servilletas. Y no son solo para los hijos. Ampliemos la definición e incluyamos cualquier nota breve escrita a un ser querido y veamos cuáles son los resultados conseguidos. Por lo menos, eso nos permite olvidarnos de la necesidad de preparar un almuerzo en casa.

Notas en el espejo del baño

Es una buena opción si sales de casa antes que los demás miembros de la familia. Puede que sea más divertido si la escribes con un marcador que se pueda borrar; el inconveniente, sin embargo, es que no se puede guardar.

Notas ocultas

Tengo un querido amigo, Adam Mead, que salpicó su casa con notas antes de un viaje de negocios. Escondió notas en los bolsillos, en los guantes de la cocina y en otros lugares donde uno nunca escondería una nota. Su familia estuvo hallando notas hasta que Adam regresó.

Cabezas de Darth Vader

Otro querido amigo me ofreció unas cabezas de plástico de Darth Vader. Adentro de cada una había un caramelo y una nota, era como una galleta de la fortuna personalizada de *La guerra de las galaxias*. Las leía los días en que necesitaba algo de motivación y apoyo especial.

Notas dentro de los libros

Somos ávidos lectores, por lo que hay libros por toda la casa. Cuando queremos dejar una nota para que se encuentre más adelante, la ponemos un poco después del marcador de página. El lector la encontrará a medida que avance en la lectura. Eso igualmente sirve en el caso de los libros escolares.

Notas en platos de cartón

Esta es una gran opción para la hora del almuerzo en la escuela, en la casa o cuando se va de pícnic. Hay mucho espacio en blanco en la circunferencia de un plato de cartón que por lo general no se utiliza.

Notas de dibujos o fotos

¿Qué se puede hacer si deseas enviar una *nota de amor* a un hijo que aún no ha aprendido a leer? ¡Envíale un dibujo o una foto! Imprime una serie de dibujos o fotos favoritos de la familia: una mascota, la casa, animales de peluche, una tarta de cumpleaños o una foto de los miembros de la familia. Eso predispondrá al niño para cuando tenga que abrir su lonchera y encontrar adentro algo especial. A medida que el niño aprende habilidades básicas de lectura, puedes empezar a escribirle palabras sencillas en una servilleta y un dibujo que represente esa palabra.

Notas en el asiento delantero

Recibí mi primera nota de Lissa el 2 de diciembre de 2013. Era mi primer día en un nuevo trabajo y ella había puesto una nota en el asiento delantero de mi camioneta. Hasta ahora la tengo. También puedes poner una nota detrás de la visera si no te importa que no se lea de inmediato.

Notas enviadas por correo

No hay ninguna razón para olvidar la forma más tradicional de enviar una nota: el correo. Todo el mundo se alegra de recibir algo más que facturas y propaganda. Incluso puedes enviar una serie de notas para que se reciban cada día de la semana.

Notas en la cartera o en el monedero

Toma un pequeño trozo de papel con palabras sinceras, dóblalo por la mitad, y ponlo junto a una tarjeta de débito o la licencia de conducir.

Notas en una computadora portátil

Escribe una nota y colócala dentro de la computadora portátil cubriéndola con la tapa. Ciérrala y deja que el propietario se sorprenda más tarde.

Notas en el tablero de recados de la cocina

Esta es una buena manera de dejar notas para varios miembros de la familia e iniciar una comunicación de ida y vuelta. Lissa a menudo escribe planes de comidas para la semana y los pone en el tablero de recados y yo, de vez en cuando, dibujo una carita triste al lado de los platos que no me gustan mucho. Las familias con hijos pequeños pueden utilizar el tablero para destacar una palabra para la semana. Las palabras escogidas deben ser importantes para la familia y en algún momento deben ser analizadas por todos. Deben ser cortas, tales como: «alegría», «amor», «feliz», «familia», «casa», «verdad», «dar», «compartir», «confianza», «orar». Estas y otras son apropiadas para comenzar.

Notas en la base del ratón

Esta es una excelente manera de convertir un truco en un mensaje de amor. Escribe una nota en papel adhesivo. Pégala luego en la base del ratón de la computadora. Nada sucederá cuando el usuario intente mover el ratón. Al buscar por qué, se va a encontrar con la nota.

Todos estos ejemplos son excelentes para la familia y los amigos. Escribir una nota personalizada fortalecerá la relación. Repetir la acción puede llevar esa relación a un nuevo nivel en la comunicación.

Vale la pena.

Me gustaría sugerir otra área en la que podríamos mejorar significativa y positivamente la comunicación. La comunicación en el trabajo depende casi exclusivamente del correo electrónico. El empleado promedio envía o recibe unos 105 correos electrónicos por día. Aunque un gerente le enviara un correo «amable», existe una alta probabilidad de que se pierda en la marea de los correos electrónicos que no paran de llegar.

¡Imagínate el impacto que produciría en ti si tu jefe te escribe una nota a mano reconociendo tu excelente desempeño y te la deja sobre tu escritorio! ¿Cómo te sentirías? ¿Cómo se sentiría su jefe después de escribirla?

AGRADECIMIENTOS

No tengo palabras para expresar mi agradecimiento a todos los que me han ayudado a moldear mi vida y a prepararme para esta batalla.

Gracias a:

Mi esposa, Lissa, por ser mi roca. Me has amado cuando no he sido digno de tu amor. Llevas mi carga cuando yo no puedo hacerlo. ¡Has vencido todos los obstáculos!

Mi mamá, que ha actuado con generosidad y bondad, al ayudarme en mis batallas.

Mi hermana, Colleen. Siento lo de la pintura. No le voy a decir nada a mamá si tú no lo haces. Dale a esos niños tuyos un beso de mi parte. Estoy eternamente agradecido de que seas mi hermana.

Mi papá, por haberme enseñado a ganarme cada «victoria» que he tenido. Te echo de menos, papá. ¡Cómo me gustaría que estuvieras aquí!

Mi tía Ruth, por recordarme las cosas que realmente importan.

Mi prima, Jo-Anne Estes Ebensteiner, por venir a mi rescate y caminar conmigo a lo largo de este recorrido más de una vez.

Todos los Callaghans y los Keoughs. Estoy eternamente agradecido por ser parte de ambas líneas familiares.

Mis amigos en Port Leyden, por proveerme de un lugar maravilloso para crecer y también por su apoyo en abril.

Mi primer verdadero jefe, Ed Flisak, que me enseñó el valor de saber cuál era mi trabajo y a aprender a hacerlo bien.

Padre Dan Brady, que me hizo las preguntas difíciles y ya sabía las respuestas.

Terry Martin y los Caballeros de Colón por salvarme. Yo estaba desesperadamente necesitado de guía espiritual cuando aparecieron.

Doctor Tim Bradford, por creer en pelear la buena batalla y por su dedicación al mejor programa médico para mí.

Doctor Craig Swainey, por llevar a Dios a la sala de examen y por la firme creencia de que voy a salir adelante.

René Haines, por su continua amistad, apoyo y orientación.

Adam Mead, por su visión espiritual y por ser un condenado buen amigo.

Kris Hall, por tu amistad y por llevarme a casa cuando más lo necesitaba.

Ted McCall, por mostrarme cómo ser un buen amigo durante treinta y cinco años.

Jim Murray, por tu entusiasmo sin fin con mis ideas locas.

Mis mentores en Circuit City: Theresa Klotz, Dawn von Bechmann, Kay Thornberry y Jennifer Jones.

Kim Zirkle, que confió en mí cuando no tenía por qué hacerlo.

Alex Sheen, por permitirme expresar una promesa implícita y cumplir con una realmente difícil.